아.빠.와 함께 수.학.을

아.빠.와 함께 수.학.을

강석진 지음

문학동네

개정판을 내면서

이 책은 『축구공 위의 수학자』와 함께 내가 가장 애착을 가지고 있는 책이다. 『축구공 위의 수학자』가 내 정체성을 찾게 해준 책이라면, 이 책은 아이들을 향한 내 마음이 담긴 소중한 기록이기 때문이다. 이것은 아이들에 대한 '육아일기'이며, 아빠로서, 가장으로서 나의 성장기이기도 하다. 나는 친한 친구들을 만날 때마다 농담처럼 이야기한다.

"고3 학부형을 지내봐야 어른이 된다니까?"

이 말은 100퍼센트 진담이다.

이번에 다시 이 책의 원고를 읽어보니 나도 참 아들 녀석에게 못할 짓 많이 했다는 생각이 든다. 도대체 이런 책을 세상에 내놓는 일부터가 못 할 짓이다. 오죽하면 거실에 굴러다니던 학부형 대상 강의 자료를 보더니 아들 녀석이 일갈했겠는가?

"아빠, 나 좀 그만 팔아먹고 다녀!"

아들 녀석에게는 정말 미안하다. 우선 그놈의 축구를 시키겠다고 고생시킨 것이 너무나 미안하고, 수학 경시대회에 내보내서 쓸데없이 시간 낭비를 시킨 것이 미안하다. 차라리 그 시간에 정상적인 교과 과정에 집중하면서 깊이 있는 수학적 원리를 가르쳤더라면······ (음, 그럼 뭐가 얼마나 달라졌을까?)

나는 우리 아이들이 태어나줘서 고맙고, 이 책에 나온 모든 것들을 함께 해줘서 고맙고, 할아버지, 할머니께 공손한 낯빛으로 부드러운 말씨를 쓰는 것이 고맙고, 무엇보다 스스로 중심을 잡고 사는 것 같아 고맙다. 사실 질풍노도와 같은 젊은 시기에 고민 또한 얼마나 많겠는가? 이 녀석들이 전혀 도움을 요청하지도 않겠지만, 사실 그럴 때에 아빠라는 인간이 본질적인 도움을 줄 수도 없다. 너무나 가슴 아프지만 그게 현실이다. 고민하는 내용도 해결책도 모두 내가 경험하고 상상하는 것과 너무나 다를 수밖에 없을뿐더러, 원래 본질적인 고민은 스스로 해결해야만 본질적으로 성숙하는 것이기 때문이다.

처음 이 책을 펴냈을 때 나는 이런 말로 이 책을 마무리했었다.

언제나 냉정하고 객관적인 시각을 잃지 않으면서도 아이를 한없이 믿어주고 지원해주는 것, 이게 바로 내가 할 수 있는 일, 내가 해야 할 일이 아닐까.

지난 시절을 돌이켜보니 '언제나 냉정하고 객관적인 시각을 잃지 않으면서도 아빠를 한없이 믿어주고 지원해온 것'은 사실은 바로 우리 아이들이었던 것 같다. 앞으로도 제발 그래주길.

머리말

이 책은 많이 망설이며 쓴 책이다. 출판 계약을 맺은 것이 4년 전인데 이제야 책이 나오는 것만 봐도 그동안 내가 얼마나 망설였는지 알 수 있을 것이다. 절친한 사람들끼리 아이들 기르는 이야기를 하며 이런저런 기쁨과 안타까움을 나누는 것은 반가운 일이지만, 이렇게 불특정 다수를 상대로 지극히 주관적인 마음속 이야기를 솔직히 털어놓는 것은 너무나 부담스럽다.

나는 이란성 쌍둥이다. 동생보다 '무려(!)' 15분이나 일찍 태어난 까닭에 형님 노릇을 하고는 있지만, 다들 짐작할 수 있듯이 우리는 거의 모든 일을 함께하며 같이 자라났다. 그런데 불행히도 대학은 같이 진학하지 못했다. 동생이 형님과 같은 해에 진학하는 것을 거부하고 재수를 선택했기 때문이다. 한날한시에 태어나 거의 똑같이 자라나던 쌍둥이 형제가 한 놈은 대학을 다니고 다른 한 놈은 재수학원을 다니는 것은 당사자는 물론 (대학에 제때 합격한 죄밖에 없는 나를 포함하여) 다른 가족 모두에게도 커다란 아픔이었다. 동생은 대학생 '형놈' 꼴을 보는 것이 견디기 힘들었는지 이모님 댁에서 기거하며 재수 생활을 했다. 수학 때문에 본고사에서 실패했기에 하루에 100문제씩 풀었다. 매일 100문제를 풀었다는 말이다. 어이없게도 그 잘난 교육개혁 조치로 본고사가 폐지되던 어느 무더운 여름날 동생은 머리끝부터 발끝까지 술에 절어 들어와 '슬러(slur)'와 '타이(tie)'가 교차하는 발음으로 똑같은 술주정을 1000번도 넘게 반복했다.

"망할 놈들. 없애려면 진작 없앨 것이지."

'백두산 호랑이'도 울고 가는 '도고산 호랑이' 우리 아버지도 그해의 일이 가슴에 사무쳤는지 2,3년 뒤 어느 일간 신문에 '가정 이야기'라는 글을 연재할 때 '그때 그 아픔'을 자세히 언급한 적이 있다. 그런데 다음 날 '어떤 사람'이 그 글을 읽고 황당무계한 반응을 보이는 것이었다.

"너희 아버지, 자식 자랑이 너무 심한데?"

그 사람이 어느 외계인에게 국어를 배웠는지, 어디서 두뇌 성형수술을 받았는지 나는 알지 못한다. 문제는 이 책을 읽는 사람들 중 '어떤 사람들'은 그와 비슷한 반응을 보일 거라는 사실이다. 나는 그런 사람들에게까지 내 솔직한 느낌을 털어놓고 싶지는 않다. 정말 싫다.

그러나 세상에는 '어떤 사람들'보다 '어떻지 않은 사람들'이 훨씬 더 많다는 걸 잘 알고 있고, 무엇보다 (이미 많이 늦었지만) 약속은 반드시 지켜야 하는 것이므로, 결국 이 책을 마무리 지어 조심스럽게 세상에 내놓게 되었다. 부디 열린 마음, 따뜻한 마음을 지닌 분들이 넓은 아량으로 읽어주길 기대한다.

이 책은 성공의 기록이 아니라 수많은 시행착오와 타협의 기록이다. 어떤 정답을 제시한다기보다는 어떤 경로를 통해 "일이 이 지경에 이르렀는지" 솔직히 털어놓고 생각과 느낌을 공유하려고 했다. 이 책은 또한 '현재 완료'의 기록이 아니라 '현재 진행형'의 기록이다. 우리 아이들은 지금도 무럭무럭 자라나며 하루하루 새로운 기쁨, 새로운 골칫거리를 생산해내고 있다. 나는 이런 기쁨과 골칫거리로 내 인생을 풍부하게 해주는 우리 아이들을 너무나 사랑한다. 마치 무생물처럼 이 책의 소재로 쓰이며 여지없이 인격이 말살당한 우리 아이들에게 이 말 한마디를 꼭 전해주고 싶다.

"고맙다. 이 세상에 태어나줘서 정말 고맙다."

차례

개정판을 내면서 _05
머리말 _08

펠레 21 프로젝트 _15
조각그림 맞추기 _20
외계인도 손가락을 꼽는다 _25
수학책 고르는 법 _29
나는 이렇게 가르친다 _35
하나 앞의 수, 하나 뒤의 수 _43
배분법칙 _48
해답 훔쳐보기 _54
축구 천재와 우리 아들 _59
축구선수의 꿈 _64
황희 정승 _70
IQ가 높다는 것 _75
EQ, 새로운 것은 아무것도 없다 _80
병아리 감별법: 우리 아이는 영재일까? _86
머리가 좋아지는 게임 _91
잘났쇼~~~!! _100

치사한 용왕 _107
구구단과 공식 _112
선행학습의 허虛와 실實 _118
울고 싶어라 _124
외고 입시학원 _130
수학 경시 대회 _138
강제로 시켜서 하는 수학 공부 _145
가까이 하기엔 너무 먼 당신 _151
수학을 잘하는 비결 _158
수학을 공부하는 재미 _164
한국 교육과 미국 교육 _168
축구에서 배우는 수학 _174
아빠의 기출 _182
아버지와 아들 _188
좋은 아빠의 조건 _193
수학을 공부하는 이유 _198
다니엘의 전설 _203

펠레 21 프로젝트

　내가 우리 아들에게 제일 처음 사준 선물은 축구공이었다. 그때 우리 아이의 나이는 '무려' 만 하루.

　그 녀석이 세상에 태어나던 날 나는 정신이 하나도 없었다. 녀석이 성질 급한 애비를 닮아 예정일보다 너무 일찍 세상에 나와버렸기 때문이다. 내가 다니던 대학 근처 한국학 연구소에서 파트타임 사무원으로 일하던 아내가 하필이면 그때 열린 국제 학술회의 때문에 아이 낳기 전날까지 무리하게 일을 했다든지, 또는 학회가 끝나는 날 밤 유학생들이 대거 우리 집에 몰려와 새벽 4시까지 술을 마시다가 끝내 라면까지 끓여먹고 돌아갔다든지 하는 얘기는 하지 말자. 그때까지만 해도 예정일은 3주 이상이나 남아 있었던 것이다. 그런데 '그 인간들'이 집에 있는 라면을 다 '말아먹고' 돌아간 직후 문제가 생겼다. 양수가 터진 것이다.

술이 덜 깬 나는 (라면 먹기 직전까지 마셨으니……) 설마 아이가 지금 나올까 반신반의하며 아내를 태우고 대학 병원으로 향했다. 그리고 12시간 반이 지난 후 무슨 E.T.같이 생긴 아들놈이 태어났다. 게다가 불행히도 나를 그대로 빼닮았다. 그 당시 박사학위 논문을 준비하는 유학생이었던 나는 아이가 태어난 후 처음 일주일 동안은 아내의 산후조리부터 아이 우유 먹이는 것까지 모든 것을 혼자 해내야 했다. 주위에 유학생 친구들 외에는 아무 연고도 없었기 때문이다. 지금도 나는 대학 병원 12층 병실에서 12시간이 넘는 산고에 지쳐 잠에 떨어진 아내 곁에 서서 무슨 E.T.처럼 생긴 아이를 품에 안고 바라보던 대서양의 파란 빛깔을 잊지 못한다. 그 가슴 뭉클했던 외로움과 사랑을.

그러니까 E.T.가 태어난 첫날 밤에는 정말 정신이 하나도 없었다. E.T.는 신생아실로 가고, 아내가 잠이 들자 나는 빨리 집으로 돌아와 여러 가지 일을 처리했다. 수학과의 미국인 친구 한 명과 첼로를 기막히게 켜던 한국인 친구 한 명을 동원하여 아이 침대를 조립하고, 그동안 밀린 빨래를 하고, 전날 밤 '그 인간들'이 먹고 간 술안주와 라면 설거지를 하고, 커다란 들통에 미역국을 끓이는 등 그야말로 여러 가지 일을 미친 듯이 해치워버렸다. 그렇게 이틀째가 되자 정신이 좀 들었다. 그리고 우리 아이에게 무언가 아주 소중한 선물을 해야 한다는 생각이 떠올랐다. 그 물건에 대해서는 오래 생각할 것도 없었다. 이미 오래전에 정해져 있었기 때문이다. 바로 '축구공'이었다.

나는 초등학교 시절부터 축구선수를 꿈꾸며 축구와 함께 살아왔다. 중학교 2학년 때 "세상은 너무나 넓고 나보다 축구 잘하는 놈들은 허벌나게 많다"는 뼈저린 사실을 깨닫고 중도하차했지만, 지금도 나는 서울대학교 자연대 축구부 감독으로서 학생들과 함께 공을 차고 뛰어놀며, 축구선수처럼 생각하고 축구선수처럼 행동하려고 애를 쓴다. 그렇게 해서 지성과 야성을 갖춘 ('요괴 축구 인간'이 아니라) '진짜 축구인'이 되는 것이 내 인생의 목표이다.

따라서 이제 갓 태어난 내 소중한 아들에게 축구 영재 교육을 시켜 '펠레는 저리 가라' 하는 세계적인 축구선수로 키워야겠다는 생각이 든 것은 너무나 당연한 일이었다. 태어난 지 이틀째부터 축구공을 발에 대본 사람은 (말 그대로 아이의 발등에 축구공을 대주었다. "바로 이 감각이 인스텝 킥 할 때의 감각이란다. 요걸 잘 기억해둬라" 하면서) 아마 우리 아이가 유일할 것이다. (아니, 그것도 잘 모르겠다. 세상은 너무나 넓고 나보다 더 축구에 미친 사람들도 허벌나게 많다.)

나의 이러한 야심만만한 '펠레 21 프로젝트'(=21세기형 축구 천재 양성 계획)는 그 녀석이 첫돌 되던 날, 다른 사람들이 애타게 부르짖는 연필이나 실이나 돈 같은 건 거들떠보지도 않다가 내가 축구공을 가져다주자 신이 나서 축구공을 집어들었을 때까지는 매우 성공적이며 순조롭게 진행되었다.

그런데 어찌된 영문인지 도대체 그 다음 진도가 나가질 않는 것이었다. 이 녀석은 '누굴 닮았는지'(!) 걷기 시작한 뒤엔 도무지 축구에 흥미를 보이지 않았다. (아니, 우선 걷기 시작한 것부터가 너무 늦었다. 생후 14개월이 지나서야 겨우 걷게 됐으니…… 어휴.) 축구에 한이 맺힌, 자칭 아마추어 축구 도사인 아빠가 아무리 인스텝 킥과 인사이드 킥, 인프런트 킥과 아웃프런트 킥의 기본을 가르쳐봐도 그저 펭귄처럼 몸을 뒤뚱거리다가 헛발질만 해대는데 그야말로 미칠 노릇이었다. 부모의 이런 마음을 모르는 사람은 하느님이 점지한 '신의 아들'(=매우 운이 좋은 사람)이거나 아니면 하느님이 점지한 '신의 짜식'(=매우 둔한 사람)일 것이다.

  초등학교에 들어간 뒤 열린 첫 운동회에서 녀석은 달리기에서 4위를 차지하여 아깝게 동메달을 놓쳤다. 문제는 달린 사람이 모두 네 명이었다는 데 있다. 그 뒤로는 운동회가 녀석에겐 악몽이었다. 나는 지금까지도 운동회만 기다리며 살고 있는데 녀석은 운동회 날 달리기 같은 건 왜 하는 건지, 그냥 보물찾기만 하면 안 되는 건지 도대체 말도 안 되는 이유로 스트레스를 받고 고민을 하는 것이었다. 이런 이상한 녀석을 아들로 두고 "그저 열심히 연습하면 된다"고 호통을 치는 것도 괴로운 일이었다. 이래서야 어디 '21세기형 펠레'를 양성할 수 있겠는가. 초등학교 시절 내내 녀석은 '위풍당당한' 몸매를 자랑하며 운동회 때마다 달리기 1등(분모 분자를 약분했을 때)을 도맡아 했다. '펠레 21 프로젝트'는 이렇게 참담한 실패로 끝나고 말았다.

  '펠레 21 프로젝트'에서 참담한 실패를 맛본 내가 찢어지는 가슴을 달래며 녀석에게 사준 두번째 선물은 '조각그림 맞추기'였다. 축구는커녕 밖에 나가 뛰어놀기도 싫어하는 녀석을 보다 못해 이럴 바에야 아예 '소질과 적성'(=방바닥에 배를 깔고 엎드려 뒹굴기)을 살려주자며 물러선 것이다. 다행히도 녀석은 조각그림 맞추기는 곧잘 해서 순식간에 동네 아줌마들에게 경탄의 대상이 되었고, 한때 내가 살던 동네엔 조각그림 맞추기 열풍이 불기도 했다. 이게 우리 아이에겐 본격적인 수학 훈련의 시작이었다.

  그런데 사람들은 지금도 자꾸만 물어본다.

"아드님, 축구 상당히 잘하겠네요."
"아니요, 전혀 못합니다."
"아빠 닮았으면 잘할 텐데요."
이쯤 되면 슬그머니 화가 난다.
"할아버지 닮은 불량품이 태어났어요!"

조각그림 맞추기

우리 아이는 태어나서부터 모든 면에서 성장이 더딘 편이었다. 남의 집 아이들은 돌도 되기 전에 걷기도 하고 말도 했다는데, 우리 아이는 어찌된 셈인지 만 14개월이 지난 후에야 겨우 걷기 시작했고, 20개월이 지난 뒤에도 엄마, 아빠 외엔 간단한 말도 제대로 하지 못했다. 성질 급한 애비를 닮은 탓에 출산 예정일보다 3주나 일찍 태어났으니 발육이 조금 더딘 것은 어찌 보면 당연한 일이었다. 우리 애보다 겨우 한 달 먼저 태어난 아이가 "아빠, 이건 비싸?" 하면서 귀엽게 떠드는 것을 볼 때마다 그저 외마디 소리밖에 지르지 못하는 아이가 답답하게 생각될 때도 있었지만, 나는 사실 그 문제에 관한 한 별로 걱정하지 않았다. 나 역시 만 두 살 반이 지나도록 말을 제대로 하지 못했다는데, 속사포처럼 말을 쏟아놓는 지금의 나를 놓고 누가 말을 잘 못해서 걱정이라고 하겠는가? 누가 뭐래도 제일 중요한 것은 유전이다. 따라서 내 아들이 나를 닮는 것은 당연한 일이고, 이 녀석이 만 두 살이 될 때까지 말을 못하는 것을 보면 과연 나를 닮은 것이 확실하니까 나중에 나이가 들면 나만큼 말을 잘할 것이다. 그러므로 그런 걸 걱정하는 것은 아까운 인생을 낭비하는 일이라는 게 내 생각이었다.

아이가 아직 걷지도 못한다고 아내가 걱정할 때에도 나는 "다섯 살만 되어봐라, 걷는 것이 문제가 아니라 너무 뛰어다녀서 걱정일 것이다"라는 억지 주장으로 아내를 달랬다. 나 역시 어린 시절엔 뛰어노는 데에 소질이 없어서 항상 기가 죽어 지냈는데 지금은 운동장에서 자연대 축구부 학생들을 호령할 만큼 출세했으니 이것도 걱정할 문제가 아닌 것이다. (그런데 이건 지금 보니 확실히 걱정할 문제였던 것으로 판명되었다. 그렇지만 이미 지난 일인 걸 어찌하랴.)

그러나 모든 면에서 남보다 뒤떨어진 아이를 기르는 일은 사실 은근히 기가 죽는 일이어서 겉으로는 큰소리를 쳤지만 나도 사실 기분이 좋은 것만은 아니었다. 그래도 무언가 믿는 것이 있는 나는 그저 때가 오기만을 기다렸다. 그때란 바로 우리 아이가 두 돌이 되는 날이었다. 우리 아이가 두 돌만 지나면 나는 그때부터는 본격적으로 녀석을 가르칠 심산이었다. 두 돌이 되기 전엔 너무 어려서 나의 혹독한 조련을 이겨낼 수 없을 것이니만큼 느긋하게 마음을 먹고 기다렸다가 두 돌이 되는 순간 사자가 제 새끼를 벼랑에 밀어 떨어뜨리는 심정으로 가차 없는 훈련을 시작하겠다는 게 나의 은밀한 계획이었다.

드디어 우리 아이가 두번째 생일을 맞이하던 날, 나는 녀석의 생일 선물로 '조각그림 맞추기'를 사주었다. 10조각짜리 하나, 24조각짜리 하나. 나의 무자비한 조련의 시작이었다. 나는 우리 아이가 10조각짜리는 쉬우니까 금방 할 거라고 생각했다. 그러나 불행히도 무려 한 시간 이상이나 씨름을 하는 것이 아닌가. 성질 급한 내 가슴에선 열불이 났지만 나는 진득하게 참았다. 드디어 한 시간 정도 더 씨름을 하고 나더니 의기양양한 표정으로 이젠 다 알았다고 하는 것이었다. 나는 그래도 10조각짜리 그림 맞추기를 하루 더 하도록 했다. 무슨 일이든 기초를 확실히 다져야 하는 법이다. 나는 녀석이 10조각짜리를 아주 외워버려서 지겨워하는 걸 본 뒤에야 24조각짜리를 투입했다. 이건 일주일 정도 걸렸다. 나는 녀석이 자신감을 가질 때까지 한 달 정도를 훈련시켰다. '왕족'(전주 이씨)이라서 그런지 '훈련'이 도대체 뭔지를 잘 모르는 아내는 괜히 애 하나 잡지 말라고 성화였지만 나는 자신이 있었다. 녀석은 왕손이 아니라 '내 아들'인 것이다.

과연 녀석은 24조각짜리를 모두 마스터했고 그 순간부터 동네 다른 엄마들의 부러움을 사기 시작했다. 한 엄마는 녀석보다 훨씬 더 예쁘게 생겼고 말도 훨씬 더 잘하며 심지어는 싸움도 더 잘할 것 같은 자기 아들이 왜 녀석보다 그림 맞추기를 더 못하는지 모르겠다며 불평을 터뜨리기까지 했다. "있는 사람이 더 한다"는 속담이 완전히 들어맞는 경우였다. 나는 녀석이 (다른 아이들이 아무런 관심도 기울이지 않는) 조각그림 맞추기나마 (다른 아이는 아무도 하지 않기에) 다른 아이들보다 잘하는 것을 보며 비로소 열등감에서 벗어날 수 있었다.

교육학자들은, 아이는 부모의 열등감을 해소하는 대상이 아니라는 걸 자각하라는 둥 잘난 척을 하겠지만 그 사람들은 보나마나 아이를 키워본 적이 없을 것이다. 자기 집 수탉이 닭싸움에서 져도 화가 나는 것이 인지상정인데 자기 자식이 남보다 못난 걸 보고 참으라는 것은 어불성설이다. 게다가 내가 뭐 우리 애한테 모든 걸 다 잘하라고 했는가. 그저 남들이 안 하는 한 가지만이라도 좀 나았으면 하는, 나의 겸허하고 합리적인 태도에 괜한 시비를 걸지 말기 바란다.

녀석은 두 돌 하고도 두 달이 지난 뒤엔 24조각짜리 퍼즐은 어떤 걸 갖다놔도 자신 있게 풀 수 있게 되었다. 나는 의기양양해서 아내에게 잘난 척을 했다.

"자, 봤지? 훈련을 받은 사람과 그렇지 않은 사람과의 차이를. 에디슨을 낳아놓으면 뭘 하냐? 엄마가 헬렐레, 그냥 내버려두는데."

그리고 곧 재앙이 닥쳐왔다. 녀석의 조련을 맡은 내가 짧은 시간에 퍼즐을 마스터하는 녀석을 보고 그만 아들놈이 천재라는 확신을 갖기에 이른 것이다. 나는 즉시 훈련 프로그램을 바꿔 '영재교육'을 시작했다. 가장 냉정해야 할 조련사가 지독한 망상에 사로잡히고 말았으니 결과는 뻔한 노릇이었다. 사람은 끊임없이 도전해야 하는 법이다. 나는 혹시 녀석이 너무 쉬워서 재미없어할까봐 63조각짜리로 단계를 높였다. 그리고 그 착각은 철저한 응징을 받았다. 너무 어려워서 오히려 재미없어하기 시작한 것이다. 녀석은 내가 전체의 일부를 찾아주면 그 부분은 잘 맞추었지만 정작 전체는 잘 맞추지 못했다. 답답해진 나는 드디어 길길이 뛰며 야단을 치기 시작했고 점점 주눅이 든 아이는 자신감을 잃고 눈에 띄게 퍼즐을 멀리하기 시작했다. 뼈저린 실패의 순간이었다. 결국 나는 아내에게 지휘봉을 물려주고 퍼즐 교육계를 떠날 수밖에 없었다.

그러나 비록 잠시 망상에 사로잡혀 일을 그르치긴 했지만 내가 조각그림 맞추기를 우리 아이의 '전공'으로 선택했던 것은 나름대로 치밀하게 관찰한 뒤에 내린 결론이었다. 사람 앞에서 수줍음을 잘 타고 노래나 말도 잘 못하지만, 혼자 앉아서 (또는 배를 깔고 엎드려서) 무언가에 열중하며 노는 걸 좋아하는 녀석에겐 조각그림 맞추기처럼 가만히 생각할 수 있는 장난감이 알맞다는 얘기다. (그래도 난 녀석이 축구공을 차며 뛰어놀기를 바랐다. 첫 선물로 사준 축구공이 아깝다.) 그 뒤로도 우리 아이는 조각그림 맞추기는 매우 좋아하고 자신 있어했다. 실제로 잘하고 못하고를 떠나서 어떤 일에 익숙하고 두려움이 없다는 것이 얼마나 귀중한 재산인가.

외계인도 손가락을 꼽는다

　내가 아들 녀석에게 숫자를 가르쳐준 것은 밤에 잠 좀 자기 위해서였다. 이 녀석이 만 세 살일 때 나는 미국 노스캐롤라이나 주립대학교에서 전임강사(Research Instructor) 생활을 하고 있었다. 그때 나는 우리 아이가 하루가 26시간인 어느 은하계에서 살다온 외계인인 줄 알았다. 이 녀석의 취침 시간이 매일 두 시간씩 늦어졌기 때문이다. 생각해보라. 오늘 8시에 잠자리에 든 아이가 내일은 10시에 잠이 들고, 모레는 12시에 잠이 들고, 글피는 새벽 2시에 잠이 들고, 그렇게 사나흘만 지나면 어떤 사태가 발생하겠는가를. 밤새 비디오를 본다, 조각그림 맞추기를 한다, 온갖 난리를 치다가 아침 8시에 겨우 잠이 든 아이를 뒤로하고 출근하는 날은 나도 다른 은하계에서 온 외계인이 된 기분이었다. 하긴 외계인이었지, 뭐. 노란 피부에 까만 머리를 한 외계인이 하얀 피부에 파란 눈을 한 지구인들에게 미적분학이나 선형대수학 또는 추상대수학 같은 신기한 마법을 가르치던 것이 그때의 내 모습이었으니까.

이 녀석의 외계인 신체 리듬을 지구인의 리듬으로 바꾸기 위해 내가 고안해낸 비법이 바로 숫자 놀이다. 저녁 8시나 9시쯤 침대에 같이 누워 하나, 둘, 셋, 넷…… 같이 헤아리다보면 녀석은 어느새 쌔근쌔근 잠이 들곤 했다. 물론 나도 기본적인 지능을 갖춘 수학자이니만큼 100보다 큰 수는 절대로 가르쳐주지 않았다. 처음엔 서른이나 마흔쯤에서 잠이 들던 녀석이 나중에는 꼭 백까지 다 헤아리고 난 후에야 (이때쯤이면 벌써 30분 가까이 지난다) 잠이 들곤 했기 때문이다. 그까짓 잠 때문에 아이의 지적 능력 계발을 소홀히 하는 치사한 아빠라고 쉽게 비난하지 말라. 괜히 100보다 큰 숫자를 가르쳐주면 자연스럽게 1000까지는 진도가 나갈 텐데 그게 어떤 재앙을 의미하는지는 쉽게 예상할 수 있지 않은가. 난 그저 "잠 좀 제때 자자!"는 소박한 욕심이 있었을 뿐이다.

이렇게 1부터 100까지 헤아리는 법을 가르쳐주다보니 자연스럽게 간단한 덧셈, 뺄셈도 가르치게 되었다. 물론 손가락, 발가락을 기본 도구로 썼다. 누구나 알고 있겠지만 손가락을 사용하면 $3+5=8$이라든지 $8-3=5$ 같은 간단한 덧셈, 뺄셈은 쉽게 익힐 수 있다. 또 $1+9=10$, $2+8=10$, $3+7=10$, …, $9+1=10$처럼 '망통'이 되는 경우를 손쉽게 (손가락을 쓰니까!) 익힐 수 있다. 사실 이걸 연습하는 것은 좀더 높은 단계의 덧셈, 뺄셈을 위한 준비 학습이기도 하다. 그런데 문제는 $4+9=13$같이 단위가 달라지는 경우다. 이건 아마 그림을 그려서 설명하는 게 가장 좋은 방법이겠지만 그럼 잠이 깨지 않겠는가?

그래서 나는 그냥 게으른 방법을 썼다. 둘이 같이 침대 위에 드러누워 양 손가락과 발가락을 합치면 적어도 40까지는 셀 수 있으니까 $13 + 18 = 31$이나 $35 - 16 = 19$ 같은 비교적 어려운 덧셈, 뺄셈도 그냥 손가락, 발가락으로 때운 것이다. 때로는 뭔가 잘못하고 있는 게 아닌가 하는 생각이 들기도 했지만 우선은 잠을 제때 자는 게 중요하다고 다짐하며 다른 '교육적인 시도'에 대한 유혹을 이겨나갔다.

그런데 "잠 좀 제때 자자!"는 내 소박한 소망은 그만 옆집 아줌마의 강력한 반대에 직면하고 말았다. 그것도 내가 조금 양심의 가책을 느끼던 $13 + 18 = 31$ 같은 것에 대한 비난이 아니라 $3 + 5 = 8$처럼 손쉬운 계산에 대한 반대였다. 처음부터 손가락, 발가락을 사용해서 덧셈, 뺄셈을 배우면 나중에도 손가락, 발가락이 있어야만 계산을 할 수 있게 된다는 것이었다. 아니, 그러면 어렸을 때 우유를 먹으며 자란 아이는 늙어 죽을 때까지 우유만 먹고 사나?

나는 정말 우리나라 아줌마들을 이해할 수 없을 때가 많다. 아니, 손가락, 발가락을 써서 덧셈, 뺄셈을 배우면 안 된다는 얘기는 도대체 어느 분($=x$)이 퍼뜨렸을까? 그리고 그분($=x$)은 무슨 홍길동 같은 재주로 저렇게 옆집 아줌마의 확고한 신뢰를 얻을 수 있었을까? 나는 그래도 명색이 수학에 살고 수학에 죽는 '프로 수학 선수'인데 어째서 나의 지극히 거룩한 말씀들은 씨도 안 먹히고 그런 사기꾼 같은 분($=x$)들의 말은 우리나라 교육계($=$ 아줌마 사회)에 영생을 가져다주는 복음처럼 퍼져나가는 걸까?

나는 단언한다. (갑자기 무슨 사이비 교주가 된 듯한 말투가 튀어나와 나 자신도 당황스럽다.) 덧셈, 뺄셈은 손가락, 발가락을 사용하여 배우는 것이 정석이다. '손꼽아 기다린다'는 말도 있지 않은가. 그만큼 자연스럽다는 얘기다. 우리들이 '십진법'을 쓰는 이유가 바로 손가락, 발가락이 열 개씩이기 때문이다. 프랑스 사람들이 83을 '20이 네 개에다가 1이 세 개(quatre-vingt-trois)'라고 하는 것을 보면 그 사람들은 손가락은 물론 수시로 발가락까지 사용했다는 것을 미루어 짐작할 수 있다. 그러므로 어린아이들이 덧셈, 뺄셈을 배울 때 손가락, 발가락을 사용하는 것은 무슨 금기처럼 뜯어말려야 할 일이 아니라 오히려 장려해야 할 일이다.

바둑돌이나 사탕 같은 보조 도구는 손가락, 발가락을 사용하는 계산에 충분히 익숙해진 후 더 어렵고 수준 높은 계산을 익힐 때 동원되는 것들이며, 또 그런 도구를 사용하는 이유도 알고 보면 손가락과 바둑돌 사이에, 손가락과 사탕 사이에 존재하는 1대 1 대응 관계를 이용하려는 것이다.

내 생각에는 머나먼 은하계에서 사는 외계인들도 맨 처음 덧셈, 뺄셈을 배울 때는 손가락, 발가락을 사용할 것 같다. 그리고 아마도 하느님은 외계인의 손가락, 발가락도 열 개로 만들었을 것 같다. 바로 우리 아들 녀석이 그 물증 아닌가.

수학책 고르는 법

　우리가 9년 동안의 이국 생활을 청산하고 귀국한 것은 1994년 5월, 아들 녀석이 초등학교에 입학하기 바로 전해였다. 그동안 나는 생각이 날 때마다 시간이 날 때마다 아이랑 놀면서 아이에게 수학을 가르쳤다. 물론 하나하나 가르칠 때에는 내 나름대로 재미있게, 그러나 체계를 갖춰 가르친다고 생각했지만, 전체적으로 보면 아무래도 즉흥적인 구석이 많았다. 그러니까 숫자 놀이부터 덧셈, 뺄셈, 곱셈, 나눗셈에 이르기까지 순서를 정하여 차근차근 가르친 게 아니라 그냥 생각날 때마다 한두 가지의 문제를 던져주고 그걸 중심으로 가르쳤다는 뜻이다. 사실 만 네댓 살짜리 아이를 데리고 무슨 체계적인 교육을 시키겠는가? 나는 내 아이가 즉흥적이나마 한두 가지라도 익히고 재미를 느끼는 데에 만족했다.
　그런데 이제 모든 어린이들이 머리 터지게 공부한다는 한국에 돌아왔으니 나도 이젠 생각을 바꿔 스파르타식 훈련을 시켜야 한다는 강박관념이 생겼다. 우리 아이 하나만 룰루랄라하다가 갑자기 지진아가 되어버리면 그걸 어떻게 감당할 것인가. 이런 위기 상황에서 우선 떠오른 생각이 바로 수학책을 사는 일이었다. 내가 명색이 대학교수이기는 하지만 어린이들을 가르치는 전문가는 따로 있는 법이고, 그 사람들이 다년간의 연구 끝에 내놓은, 노력과 열정의 정수(精髓)가 어린이용 수학책일 테니 좋은 책을 하나 사서 그걸 중심으로 가르치면 아이도 '체계적인 고등 교육'을 받아서 좋고, 나 또한 편해질 거라는 생각이었다. 물론 말이 그렇다는 얘기다. 솔직히 그때쯤 나는 아이를 위한 문제를 만들어내는 데에 지쳐 있었다. 예를 하나 들어보자.

(1) 재롱이(우리 아이의 '유일한' 친구였다. 그애는 지금 무얼 하고 있을까?) 엄마가 사탕을 12개 사오셨다. 재롱이는 '착해서' 동생(이름이 지혜였나? 확실하지 않지만 그냥 지혜라고 하자)과 똑같이 나누어 가졌다. 그럼 재롱이와 재롱이 동생(내가 지혜라고 이름을 바꿔버린 게 거의 분명한 애)은 사탕을 몇 개씩 가지고 있을까?

(2) 그때 윤구(바로 우리 아들이다)가 집에 놀러왔다. 재롱이는 '착하기 때문에'(재롱이가 착하다는 걸 강조한 것은 우선 그게 사실이었고 또 우리 아들이 그런 점을 본받았으면 하는 마음에서였다) 윤구와 남은 사탕을 똑같이 나누어 가졌다. 그럼 재롱이와 윤구는 사탕을 몇 개씩 가졌을까?

(3) 오빠(= 재룡이)와 오빠 친구(= 윤구)가 놀고 있는 동안 지혜는 사탕을 네 개나 먹었다. 지혜가 가지고 있는 사탕은 모두 몇 개일까?

(4) 지혜는 문득 엄마가 사탕을 너무 많이 먹으면 이가 썩는다고 겁을 주던 게 생각났다. 그래서 오빠들은 사탕을 몇 개나 먹었는지 궁금해져서 물었더니 대답은 안 해주고 남아 있는 사탕을 보여주는 것이었다. 둘 다 지혜가 가지고 있는 것과 같은 양의 사탕을 가지고 있었다. 그럼 재룡이와 윤구는 사탕을 몇 개씩 먹었을까?

뭐 이런 문제를 내서 아이가 풀게 하는 것이 내가 가르치던 방식이었다. 물론 나에게도 문제를 내는 원칙이 있었다. 우선 아이의 수준에 알맞아야 한다. 그러니까 아이가 '어느 정도 노력을 기울이면'(이 얼마나 주관적인 판단인가?) 풀 수 있는 문제여야 하고, 또 그 문제를 통해서 아이의 실력을 조금이라도 향상시킬 수 있어야 한다는 뜻이다. 최악의 경우 현상 유지라도 해야 하지 않겠는가. 그 다음엔 아이가 흥미를 느낄 만한 문제여야 한다. 그러니까 등장인물들도 아이와 가까운 사람이어야 하고, 여러 가지 정황들도 실감이 나야 한다. (어린 시절 '철수야, 영희야' 같은 이름이 실감이 났나?) 그런데 내가 아무리 이런 거룩한 원칙 아래 열심히 문제를 만들어내도 아무래도 문제를 내는 시간보다는 푸는 시간이 더 빠르게 마련이니 정작 문제를 통해 수학을 가르칠 시간은 부족하다는 게 큰 문제였다. 게다가 무엇보다 문제를 만들어내는 데에 드는 공력이 이만저만한 게 아니어서 그야말로 죽을 노릇이었다. 생각해보라. 명색이

대학교수인데 하라는 연구는 안 하고 아들놈 수학 가르친답시고 "재룡이 엄마가 사탕을 사왔는데 다음 날엔 초콜릿도 사왔다, 어쩌구 저쩌구……" 하는 꼴이 얼마나 우습겠는가.

다행히 우리나라에는 자칭 '수학 교육 전문가'가 수두룩하고(얼마 전 나는 교육이라고는 한 번도 해본 적이 없는 사람이 '전문가' 랍시고 설치는 꼴도 봤다), 또 어린이 교육용 책은 거의 다 성공이 보장될 지경이라니까 내가 머리를 싸매고 설치는 것보다는 훨씬 좋은 수학책이 수두룩할 거라 기대하고 서점을 찾았다. 마침 TV와 신문에서 눈부시게 광고를 때려대는 참고서들이 몇 권 눈에 띄었다. 그런데 이게 웬 일인가.

$$39 + 1 = 40, 40 + 1 = 41, 41 + 1 = 42, \cdots$$

뭐 이런 걸 문제랍시고 늘어놓은 게 아닌가. 나는 이 책을 쓴 사람도 분명히 집에서 아이를 제시간에 재워야 하는 과업이 있는 모양이라고 생각했다. 그렇지 않고서야 이렇게 수학을 지겨워하고 미워하게 되는 완벽한 길을 제시했을 리가 없지 않은가? 실망한 내가 격렬한 비난을 퍼부어대자 서점 주인이 점잖게 충고를 한다.

"어린아이일수록 기본적인 계산 능력을 마스터하는 게 중요하거든요."

나도 수학에서 계산이 중요한 줄은 안다. 따라서 요즘 몇몇 자칭 수학 교육 전문가들이 떠드는 것처럼 '계산은 컴퓨터가 다 하니까 이젠 창의력이 중요한 시대'라는 '사기성 장광설'에는 절대로 넘어가지 않는다. 그러나 아무리 복잡한 계산이라 할지라도 그걸 하는 데에는 다 동기와 이유가 있는 법이다. 그런데 그런 건 전혀 보이지 않고 그저 계산만 죽어라고 해야 된다면 누가 수학을 좋아하겠는가? 그래도 내가 계속 문제를 낼 수는 없으므로 결국 차선을 택하기로 했다. 내가 생각하는 이상적인 수학책에 가장 가까운 것을 골라 가르치기로 한 것이다.

내가 수학책을 고르는 요령은 간단하다. 우선 그림이 많아야 한다. 수학은 인간의 창의적 상상력과 논리적인 사고가 조화를 이룬 아름다운 학문이다. 따라서 수학을 처음 배우는 어린이에겐 여러 가지 다양한 그림으로 흥미를 유도하고 알기 쉽게 설명하는 것이 중요하다. 그 다음엔 단순히 수식을 계산하는 문제가 아니라 '문장제', 즉 말로 이루어진 문제가 많아야 한다. 어떤 의미에서는 수식을 푸는 것은 기계적인 일이다. 그보다는 말로 이루어진 문제를 수식을 푸는 것으로 재구성하는 과정이 수학적 사고에서 더 중요하다. 따라서 기본적인 계산 원리를 익힌 뒤에는 다양한 형태의 문장제를 통하여 기본 개념을 배우고 익히는 것이 가장 효과적인 수학 훈련이(라고 생각한)다. 그리고 이렇게 문장제를 통하여 수식을 세우고 풀어가는 과정에서 반드시 여러 가지 계산을 할 수밖에 없으니 '기본적인 계산 훈련'도 자동적으로 하게 된다.

문제는 이런 거룩한 말씀을 우리나라 극성 아줌마들이 잘 믿어 주지 않는다는 데 있다. 어느 교육 상인에게 들었는지 모르지만 '행동주의 교육철학(?)'에 의하면 반복 훈련을 통해 체득된 지식만이 진짜 지식이라는 것이다. 그 주장엔 나도 전적으로 동감이다. 말로만 외치지 말고 실천할 것, 스스로 실천하지 못할 일은 말로도 떠들지 말 것. 이게 내 인생관의 일부이기도 하다. 또 무슨 일이든 꾸준히 반복 훈련을 해야 몸에도 마음에도 배게 마련이다. 그렇지만 아무리 반복 훈련이 중요하다고 해도 적당한 변화와 동기부여가 있어야 훈련도 재미가 있지 그저 아무 생각 없이 똑같은 문제를 자꾸 풀면 그게 '체득'이 되겠는가, '체벌'이 되겠는가?

도대체 그게 그것 같은 계산 문제만 수십 개를 주고 풀어보라고 하면 아이들은 누구나 짜증을 낼 것이다. 또 그럴 때는 숫자 하나 틀렸다고 마음 아파하지도 않는다. 그러나 초콜릿이나 사탕이 걸린 문제라면 얘기가 달라진다. 그럴 때 계산 실수는 치명적이기 때문이다. 주어진 수식을 아무 생각 없이 기계적으로 푸는 것은 그야말로 컴퓨터 따위가 할 일이다. 인간은 인간답게 계산을 해야 한다. 숫자 하나를 더할 때에도 무언가 흥미진진하고 가슴 두근거리는 설렘이 있어야 한다는 말이다. 세금 낼 돈을 계산하는 것과 보너스 받을 액수를 상상하는 것은 완전히 다른 세상 얘기가 아닌가. (그런데 보너스에서는 세금 좀 떼어가지 말자. 정말 신경질 난다.) 단순한 계산에도 인간적인 감정이 개입되면 그만큼 수학이 가깝게 느껴지는 법이다. 그러니까 우리 아이들에겐 그림과 문장제가 많은 수학책을 골라주자. 그래야 우리 아이가 수학을 좋아하게 된다. 아멘.

나는 이렇게 가르친다

내가 수학교수이다보니 사람들은 내게 자기 아이를 가르치는 대단한 비법이라도 있으리라 짐작하는 경우가 많다. 그러나 나라고 해서 무슨 뾰족한 수가 있겠는가. 나는 오히려 무슨 일에 어떤 비법이 있는 것처럼 얘기하는 사람들은 잘 안 믿는 버릇마저 있다. (사기꾼처럼 보이잖아?) 그래도 이것 한 가지는 말할 수 있다. 나는 내가 생각하는 수학, 내가 느끼는 수학 본연의 모습을 떠올리며 '기본'에 충실하려고 노력한다는 것을. ('항상 그렇게 한다'고 자신 있게 말하지 못하는 아픔이여……)

나는 교육에서 '실험'이란 존재해서는 안 된다고 생각하는 사람이다. 물론 어떤 사람이 가르친 내용이나 방식이 훗날 돌이켜 생각해보면 결과적으로 실험이 되고 거울이 될 수는 있을 것이다. 그렇지만 감히 사람을 가르치려 들 때에 미리부터 '이번 건 실험'이라는 전제 아래 가르친다면 '이번 판은 나가리다' 하는 마음으로 가르치는 것과 무엇이 다르겠는가? 또 그때 '실험 대상'이 되었던 사람들의 인격은 도대체 무엇이란 말인가? 게다가 지금까지 발표된 수많은 '실험 결과'들은 상당수가 실험 같은 걸 해보지 않아도 충분히 알 만한 것들이었다. "수업 시간에 적극적으로 발표하고 참여하는 학생의 성적이 비교적 좋은 경향이 있는 것으로 볼 수 있을 것 같기도 한 것으로 추정해도 될 것 같은 연구 결과가 나왔다"는 것 같은 얘기 말이다. (이런 걸 꼭 연구해봐야 아나?) 어떤 사람들은 실험도 해보지 않고 좋은 교육을 할 수는 없는 것이라며 나의 비과학적인 생각을 비웃겠지만 나는 사람을 가르칠 때는 (적어도 가르칠 당시에는) 이 방법이 최선이라는 믿음으로 가르쳐야 한다고 생각한다.

   그럼에도 내가 우리 아이를 가르치는 방법에는 약간 실험적인 면이 있었다. 무슨 뜻이냐 하면 나 자신부터 내가 가르치는 방법이 얼마나 효과가 있을지 자신이 없었다는 뜻이다. 물론 내 기준만으로 보면 우리 아이가 초등학교에 들어가기 전부터 고등학교 2학년이 될 때까지 내가 그 녀석을 가르쳐온 방식은 탁월한 효과가 있었다. (그 뒤론 녀석이 "내가 알아서 해!" 하고는 자기 멋대로 했다.) 그리고 앞으로도 우리 아이의 인생에 상당히 긍정적인 효과를 미칠 것으로 생각한다. (물론 이건 내가 아이에게 직접 물어보고 받아낸 대답이므로 아이가 억지로 "그렇다"고 대답했을 가능성이 매우 높다.) 그런데 문제는 '결정적인 순간'(= 대학 입시)에 그런 것(수학을 잘하는 것 또는 수학적으로 생각하고 살아가는 것)이 무슨 효과가 있겠는지 의심이 간다는 데에 있다. 아니, 대학교수라는 양반이 그걸 모르면 누가 알겠느냐고 항변할 사람이 많을 줄 안다. 그런데 모르는 걸 어찌하랴? 정말 나도 모르겠다. 이렇게 정신없이 바뀌는 입시 정책 아래서 우리 아이가 어떻게 해야 대학에 잘 갈 수 있는지, 어떤 대학을 가는 것이 잘 가는 건지, 대학을 가는 게 좋긴 좋은 건지 도대체 알 수가 없다. 그래서 나는 그런 것에 지나치게 신경 쓰지 않기로 했다. (여기서 '지나치게'는 매우 애매모호하고 주관적인 표현이다.) 그저 내가 믿는 대로 수학의 기본에 충실하여 꾸준히 가르치다보면 언젠가는 보람을 느낄 날이 오겠지. 참고 견디면 좋은 날이 온다!!!

그럼 이제부터 내가 가르치는 방식을 설명하겠다. (서론에 비해 매우 간단하고 빈약하기 때문에 실망할 사람들이 많을 텐데 벌써부터 걱정이다.) 일단 학교 수학 시간을 생각해보자. 대부분의 선생님들은 학생들의 흥미를 끌 만한 질문으로 수업을 시작한다. (초콜릿과 사탕이 진부하면 떡볶이와 순대를 얘기해도 좋을 것이다.) 물론 이 질문은 오늘 배울 내용을 잘 반영한 '준비된 질문'이다. 그 다음엔 이 질문으로부터 오늘 배울 내용의 이론적 배경을 설명한다. (그러니까 두 자릿수의 덧셈, 뺄셈을 하는 방법 같은 것 말이다.) 그리고 나서 여러 가지 예제를 풀어준다. (이때 학생들은 고개를 끄덕이거나 눈이 반짝반짝 빛나 보이게 눈에 힘을 준다.) 마지막으로 예제와 비슷한 문제를 풀어주고 숙제를 내준다. (이때쯤이면 학생들의 얼굴에 화색이 돈다. 수업이 곧 끝날 테니까.) 아주 가끔 시간이 남으면 좀더 어렵고 차원이 높은 문제를 (별로 듣는 사람이 없는 줄 알면서도) 칠판에 (혼자) 풀어준다. (물론 때로는 학생들을 시켜보기도 하고, 질문을 기다리거나 질문을 던지는 경우도 아주 가끔 있다.)

여기까지 읽고 나면 사람들은 이렇게 말할 것이다.

"누가 그렇게 잘 가르쳐주냐? 그렇게만 가르쳐줬으면 나도 수학 잘했겠다. 수학 선생님들은 처음부터 아무 설명도 없이 그냥 칠판에다가 자기 혼자 풀다가 나가더라, 뭐."

사실 동기부여, 이론적 배경 설명, 예제 풀이, 유제 풀이, 학습 내용 보충 및 심화 학습으로 이어지는 위의 프로그램에 시비를 걸 사람은 별로 없을 것이다. 대부분의 교과서가 이런 방식으로 기술되어 있고 나도 그렇게 가르친다.

그러나 이렇게 '유창하게' 강의하고 난 뒤에도 가끔씩 나 자신에게 물어볼 때가 있다. 우리 학생들은 정말 이 내용들이 다 몸과 마음에 젖어들 만큼 제대로 학습한 걸까? 어쩌면 "야, 저 선생님 잘 가르친다~~" 한마디 하고 끝난 것은 아닐까?

내가 '뻔데기' 시절(=대학원생 시절) 학부생들에게 미적분학을 가르칠 때에 우리 선생님 중 한 분은 강의 시간에 일부러 계산 실수를 해서라도 학생들이 정말로 주의를 기울이고 있는지를 확인해야 한다고 말씀해주신 적이 있다. 교육이란 그만큼 선생님과 학생 사이의 상호작용이 중요하다는 것이다. (이런 걸 굳이 연구해봐야 알겠는가?)

내가 우리 아이를 가르치는 방식은 여기서 반 걸음쯤 더 나간 것이다. (아닌가? 요즘엔 뭐가 보수인지 뭐가 진보인지 뭐가 뭔지 하도 헷갈려서……) 나는 우리 아이가 처음부터 혼자서 책에 나온 도입 문제를 풀어보고, 내용 부분을 읽어보고, 그에 따른 보기와 예제를 풀어보고, 유제와 연습 문제까지 다 풀게 한 뒤에 그때서야 비로소 거만한 표정으로 검사와 채점을 한다. 물론 혼자서 해본 것이니만큼 내가 할 일도 많다. 만일 우리 아이가 혼자서 책을 보고 내용을 이해하고 예제와 연습 문제까지 다 풀어버리는 아이라면 도대체 내가 무슨 할 일이 있겠는가? 다행히도 우리 아이는 어떤 부분은 쉽게 이해하지만 어떤 부분은 하나도 이해하지 못하는 지극히 정상적인 아이다. 그래야 훌륭한 이 아빠가 존재하는 의미가 있을 것 아닌가? 나는 검사와 채점을 하면서 여기저기 내 나름의 표시를 다양하게 해둔다. 그러니까 내용은 이해한 것 같은데 단순한 계산 실수인 경우, 내용도 제대로 이해하지 못해서 전혀 깡통인 경우, 내용은 조금 이해한 것 같은데 아직 소화가 제대로 되지 않은 경우, 내용은 하나도 이해하지 못했으면서 운 좋게 그 문제만 풀어낸 경우 등 여러 가지 경우를 구분하여 표시를 해두는 것이다.

그 다음엔 위엄 있는 태도로 아이에게 다시 한번 위의 과정(혼자서 내용 읽고, 보기와 예제 풀고, 유제와 연습 문제 풀고……)을 반복하게 한다. 그러면 희한하게도 아까 틀렸거나 몰랐던 문제 중에서 반 정도는 제대로 이해해서 올바른 길로 찾아간다. 물론 이상론을 따르자면 그냥 그렇게 아이 혼자 스스로 다 깨칠 때까지 계속하는 게 제일 좋겠지만 그런 건 현실적으로는 다 소용없는 말이다. 세번째에는 내가 직접 풀어줘야 한다. 이때 나는 내 불같은 성질을 억누르며 아이에게 질문을 던지는 태도로 중요 내용을 정리하고, 틀렸거나 전혀 몰랐던 문제를 같이 풀어본다. (물론 단순한 계산 실수인 경우에는 나도 모르게 고래고래 소리를 지르며 공포 분위기를 조성한다. 음, 이러면 안 되는 줄 잘 알지만 저절로 그렇게 되는 걸 어찌하랴?)

이렇게 같이 문제를 풀 때 나는 힌트는 줄지언정 답 자체는 일러주지 않으려고 최대한 노력한다. 정답부터 가르쳐주고 나서 이유를 설명하는 순간 수학은 주입식 암기과목이 되어버린다. 그보다는 끈질기게 생각해 답이 보이도록, 그래서 답이 그렇게 될 수밖에 없는 이유를 찾아내도록 하는 것이 진짜 수학 교육이다. (말이 그렇다는 얘기다. 어휴~~~) 아이가 잘 모르겠다고 버티면 "여기서 더 가르쳐주면 넌 생각할 것이 하나도 없는데 그래도 좋으냐?"며 자존심을 건드리고 약을 올린다. 그러면 대부분의 경우 아이는 한 번 더 생각해본다. 시간이 흘러 다음 날까지 가는 한이 있더라도 아이가 스스로 이해할 수 있다고 생각하는 문제는 절대로 더 가르쳐주지 않는다. 그래서 아이가 답을 찾아내면 다행이고 그렇지 않을 경우에는 나도 별 수 없이 풀이 과정을 가르쳐주지만 오만 가지 저주를 퍼부으며 아이의 마음에 깊은 상처를 내는 걸 잊지 않는다. (이건 아이를 위한 일이 아닌 것만은 분명하고, 그렇다고 나도 행복해지진 않으니까 나 자신을 위한 일도 아니고, 결국 정신 나간 짓이라고 결론지을 수밖에 없다.)

내가 처음부터 공부할 내용을 자세히 설명해주지 않고 아이 혼자 책을 읽고 문제를 풀어보게 하는 데는 이유가 있다.

언젠가는 우리 아이도 자라서 스스로 사물의 이치를 깨치고 익혀야만 하는 단계가 올 텐데 (사실 날 때부터 그랬겠지) 그걸 아빠가 수학자랍시고 다 떠먹여주면 오히려 역효과가 난다고 생각하기 때문이다. 또 다음에 무조건 한 번 더 시키는 이유는 상당히 많은 경우 두번째 읽으면 책에 쓰여 있는 내용을 처음보다 훨씬 더 깊이 이해할 수 있기 때문이다. (그렇다고 백 번씩 읽을 수는 없겠지만.) 특히 단순한 계산 실수의 경우 스스로 다시 풀면서 실수한 부분을 찾아보면 차츰 실수를 줄일 수도 있고, 또 그 뒤에 깃들어 있는 수학의 기본 원리를 더 깊이 이해하는 데에도 도움이 된다(고 생각한다). 물론 그래도 전혀 이해하지 못하는 부분은 처음부터 자세히 설명해주는 수밖에 없다. 어쨌든 (무슨 과목이든 마찬가지겠지만) '수학 공부의 기본은 스스로 깨치고 익히는 것'이라는 걸 어렸을 때부터 몸과 마음에 배도록 하고 싶은 것이다.

특히 내가 마음에 새기고 있는 것은 무조건 모든 문제를 다 풀면서 진도를 나가려고 하기보다는 아이의 수준에 맞는 '밀도'로 진도를 맞추는 게 중요하다는 것이다. 내가 '속도'보다 굳이 '밀도'라고 표현한 것은, 일단 기본적인 내용을 익힌 후에는 아이의 수준에 맞는 문제를 중심으로 진도를 나가는 편이 아이가 제대로 이해하지도 못하는 심화 학습 문제를 붙잡고 앉아서 진도는 진도대로 손해를 보고 아이는 아이대로 고생을 하는 것보다 훨씬 효율적이라고 생각하기 때문이다. 처음에는 어렵게만 생각하던 심화 학습 문제도 그 단원이 끝난 뒤에 또는 몇 단원이 끝난 뒤에 다시 되돌아와 풀게 하면 (그만큼 수학을 보는 눈이 높아졌을 테니까) 처음보다는 훨씬 더 잘 푼다.

그런데 내 방식에는 여러 가지 문제점이 있다. 우선 시간을 많이 투자해야 한다. 먹고살기도 바쁜데 어떻게 아이에게 많은 시간을 투자할 수 있겠는가. 아니다. 그것보다 더욱 중요한 문제가 있다. 내가 시간을 많이 투자할 수 있도록 아이가 혼자서 공부를 많이 해놓아야 한다. 검사 및 채점을 할 '꺼리'가 없으면 시간도 투자할 수가 없다. 아이를 가르칠 때에 이 부분이 가장 힘들다.

"오늘은 아이에게 수학을 가르쳐줘야지" 하고 신이 나서 집에 일찍 왔는데 아이가 컴퓨터 게임이나 하느라고 공부해놓은 것이 없어서 검사고 채점이고 할 게 없는 날엔 나는 정말 이성을 잃는다. 그리고 아이가 열심히 하지 않으면 진도가 잘 나가지도 않는다. 게다가 요즘 아이들이 무슨 수학 공부만 하나? 도대체 쓸데없는 다른 것들(예: 독서 교실) 때문에 중요한 수학 공부가 여간 방해를 받는 것이 아니다. 그래도 수학 공부보다는 자전거 타고 노는 게 더 중요한 줄은 알고 있으니까 그저 참는 수밖에 없는 경우도 있다.

이쯤 했으면 내가 무슨 생각으로 어떤 방식으로 우리 아이를 가르치(려고 하)는지 대강 그림이 보일 것이다. 그런데 진짜 중요한 얘기를 빠뜨릴 뻔했다. 내가 지금까지 한 얘기는 '희망 사항'이지 반드시 이행해야 할 '실천 사항'인 것은 아니다.

하나 앞의 수, 하나 뒤의 수

　내가 우리 아이에게 수학책으로 수학 공부를 가르치기 시작한 것은 우리 아이가 초등학교 들어가기 한 해 전부터였다. (아마 8월쯤 됐을 것이다.) 이제 훌륭한 아빠가 특별히 정성을 들여 사랑하는 아들에게 그림도 많고 문장제도 많은 수학책을 골라 주었으니 이제 그 녀석에게 주어진 과제는 별로 어려울 게 없다. 그저 열심히 공부하는 것만 남았다. 흐흐흐…… 그리고 초등학교 1학년 책의 내용을 대충 눈으로 훑어본 결과 적어도 처음 한두 달 동안은 매우 편할 거라는 생각이 들었다. 뭐, 처음에는 1, 2, 3, 4…… 이런 것들이 나오는데 우리 아이야 이미 100까지는 셀 수 있는 녀석이 아닌가. 지금은 (아직도 너무 늦게 자기는 하지만) '외계인의 습성'도 버렸으니 마음만 먹으면 언제라도 1000까지 가르쳐줄 수도 있다. 또 덧셈, 뺄셈이야 이미 손가락 발가락으로 매우 고차원적인 것들(합이 40 이하인 것들)까지 공부했으므로 처음 한두 달치 내용은 거저먹고 넘어갈 것이었다.

그러나 이런 낙관과는 달리 초반부터 복병이 나타났다. 그 복병의 정체는 다음과 같이 아주 쉬운 것이었다.

"48 하나 앞의 수는 무엇인가?"

사랑하는 우리 아들 강윤구가 엄숙하게 써넣은 답은 '49'였다. 책에 있는 해답에 나온 정답은 '47'이었지만 이 정도의 착각은 누구나 할 수 있는 것이다. 이럴 때는 "이런 것도 모르냐? 이 밥통아! 47이 잖아!" 하면서 길길이 뛰면 안 된다. 마음의 평정을 유지하면서 침착하고 다정한 목소리로 다시 한번 풀어보라고 하면 된다. 그럼 아이는 금방 스스로 답을 찾아내게 마련이다. 이렇게 아이로 하여금 스스로 답을 찾아가도록 하는 것이 진짜 참교육이다.

아아, 그런데 그게 아니었다. 이 녀석은 "답을 지우고 다시 한 번 생각해보라"고 말하는 나를 이상하다는 듯이 바라보더니 '49'라고 쓰여 있던 숫자를 빡빡 지우고는 그 자리에 또다시 '49'라고 힘 있게 써넣는 것이 아닌가. 아니, 이 녀석은 도대체 눈치도 없나? 물어보는 폼만 봐도 모르나? 나는 심장의 박동이 조금씩 빨라지는 걸 느꼈다. 이럴 때 끓어오르는 마음을 진정시킬 수 있어야 아이를 가르칠 자격이 생긴다. 나는 다시 한번 냉정하고 침착한 목소리로 물었다.

"윤구야, 그럼 48 하나 뒤의 수는 무어지?"

이렇게 물으면 지능이 정상적인 아이들은 "아차!" 하면서 48 하나 뒤의 수는 49니까 48 하나 앞의 수는 47이라는 결론을 끌어낼 것이(라고 생각했)다. 그런데 이게 웬일인가. 이 녀석은 더 생각할 것도 없다는 듯 "그건 47이오"라고 대답하는 것이 아닌가. 나는 마구 벌렁거리는 마음을 억지로 진정시키며 다시 한번 물었다.

"윤구야, 잘 생각해봐. 48 하나 앞의 수가 뭔지, 그리고 48 하나 뒤의 수가 뭔지. 알았지?"

나는 다시 한번 다짐했다. '이렇게 아이로 하여금 스스로 생각해서 답을 찾아가도록 하는 게 '진짜 참교육'이다.' 아니나 다를까 아이는 잠시 생각에 잠기더니 확신에 찬 목소리로 대답하는 것이었다.

"48 하나 앞의 수는 49, 48 하나 뒤의 수는 47인데요."

드디어 최악의 사태가 닥쳐온 것이다. 나는 참교육이고 나발이고 다 때려치우고 고래고래 소리를 지르기 시작했다.

"야, 임마! (제 자식에게 이런 험한 말을 쓰는 부모는 부모 자격이 없다.) 48 하나 앞의 수도 몰라? 아니, 48 하나 뒤의 수가 어째서 47이냐? 바로 49지. 그러니까 48 하나 앞의 수는 47 아니냐? 이제 이해하겠어?"

이렇게 '강력한 권고'를 하게 되면 대부분의 경우 잘 알아듣지 못하면서도 "알았다"고 대답하는 것이 인간이다. 그렇게 "에이, 그냥 외우면 되지, 뭘" 하고 넘어가는 게 인생을 살아가는 지혜이기도 하다. 그런데 이 녀석은 "이해가 안 돼요~~~" 하더니 그저 울기 시작하는 것이었다. 녀석이 쓸데없이 고집을 부리자 더 화가 난 나는 지나가는 사람 아무나 붙잡고 물어봤다. (이때 지나간 '아무나'는 녀석의 사촌 동생 민구였다.)

"야, 48 하나 앞의 수가 뭐냐?"

사태가 심상치 않음을 눈치 챈 민구는 기어 들어가는 목소리로 정답을 말했다.

"47이오."

어떻게든 사태 악화를 막아보려던 민구의 노력은 사실은 불난 집에 부채질을 한 것이었다.

"이 밥통아, 이렇게 어린 녀석도 아는 걸 넌 왜 몰라? 그러고도 네게 밥 먹을 자격이 있는 것 같으냐?" (이렇게 자기 자식에게 저주를 퍼붓는 인간을 누가 선생이라 할 것인가. 우리 앞으로는 정말 이렇게 살지 말자.)

이때 엉엉 울기만 하던 녀석이 울먹이는 목소리로 항변을 했다.

"비디오에서 패스트 포워드(fast forward)를 하면 앞으로 가잖아요!"

비디오에서 패스트 포워드를 하면 앞으로 간다. 그걸 말이라고 하는가? 나는 더욱 흥분하고 싶었지만 이미 한계에 다다랐기 때문에 더 흥분하지도 못하고 그게 어쨌다는 얘기냐고 녀석을 윽박질렀다. 녀석의 울음 섞인 대답이 돌아왔다.

"그럼 카운터의 숫자도 앞으로 가잖아요."

나는 솔직히 할 말이 없었다. 48에서 하나 앞으로 가면 (패스트 포워드) 49, 48에서 하나 뒤로 가면 (리와인드) 47. 비디오 카운터를 보라. 증거가 있지 않은가. 이게 녀석의 논리였다. 그리고 거기에는 티끌만큼의 오류도 없었다.

사실 우리가 비디오를 볼 때 "앞으로 돌려!"(또는 "뒤로 돌려!") 하고 얘기하면 그게 무슨 뜻인지 항상 헷갈린다. 이건 서로 간의 약속의 문제이기 때문이다. 우리가 수직선(數直線) 위에 실수(實數)를 표시할 때 오른쪽으로 가면 크기가 커지고 왼쪽으로 가면 크기가 작아진다고 하는 것도 그저 하나의 약속일 뿐이다. 따라서 이렇게 볼 수도 있고 저렇게 볼 수도 있다. 그렇기 때문에 우리가 수학적 논리를 전개할 때에 기본적인 몇 개의 규칙을 약속하고 그때그때 필요한 용어를 정의하는 것이다. 또한 이런 기본적인 규칙에 대한 약속을 조금 다르게 하면 또 다른 멋있는 수학이 나오기도 한다. (유클리드 기하학과 비유클리드 기하학이 좋은 예다.) 그런데 나는 명색이 수학자면서 어째서 이렇게 간단한 이치도 모르고 무조건 아이만 윽박지른 걸까? 책에 나온 해답에 나도 모르게 세뇌되어, 그리고 해답과 다르게 대답하는 아이의 장래가 왠지 불안해서 그렇게 격렬하게 반응했던 건 아닐까? 이유야 어쨌든 변명의 여지가 없는 순간이었다.

몇 년이 흐른 후 둘째 아이가 초등학교 1학년이 되었다. 어느 날 수학 시험(=퀴즈)을 치렀는데 바로 위와 똑같은 문제가 나왔다. 우리 아이들의 유전자에 어떤 문제가 있는지 둘째 아이도 '24 하나 앞의 수'를 '25'라고 써냈지만 선생님은 그렇게 생각할 수도 있다면서 정답으로 해주었다고 한다. 그 그릇의 넉넉함에 감사할 뿐이다.

배분법칙

내가 이미 밝힌 것처럼 나는 우리 아이를 가르칠 때에 일단은 죽이 되든 밥이 되든 스스로 내용을 읽고 (이해를 하든 말든) 문제를 (풀 수 있는 데까지) 풀게 한다. 그런 다음에 채점을 하면서 내 나름대로 이것저것 표시를 하고 그에 따라 내용과 문제 풀이 방법을 가르쳐준다.

그런데 때로는 녀석도 표시를 한다. 그 녀석이 세모 표시를 해둔 문제는 아예 처음부터 도무지 무슨 소린지 모르겠다는 뜻이다. 이런 건 어쩌다가 두세 개쯤 나와야 하는데 때때로 거의 모든 문제에 세모를 쳐놓을 때도 있다. 그러니까 그 부분은 내용을 전혀 이해하지 못했다는 뜻인데, 그럴 때면 '참을성'이 최대의 강점인 나도 (이 거짓말을 누가 믿으려나?) 더 참지 못하고 화산처럼 폭발하고 만다.

또 문제를 풀긴 풀었는데 풀이 과정이나 답에 자신이 없을 때에는 물음표를 쳐놓는다. 이건 사실 본인의 '양심 테스트'이기도 하다. 어떤 문제는 순전히 재수가 좋아 정답을 얻을 수도 있기 때문이다. (착각을 두 번 하거나 계산 실수를 짝수 번 하면 운 좋게 정답을 구할 때가 있다.) 그런데 이게 반드시 '양심 테스트'만이 아니라 본인이 얼마나 배우고 싶어하는가를 테스트하는 것이기도 하다. 왜냐하면 채점을 하고 가르치는 것을 담당하는 아빠라는 인간은 사실은 게을러 터져서 되도록 표시한 문제가 조금 나오기만을 바라면서 채점을 하기 때문이다. 그러니까 자기가 많이, 제대로 배우고 싶으면 이것저것 표시를 제대로, 많이 해놓아야 한다. 괜히 가끔씩 화산처럼 폭발하는 아빠 꼴이 보기 싫어서 그냥 넘어가면 그만큼 덜 배우게 될 것이고 그러면 자기만 손해니까.

어느 날 우리 아이가 세모 표시를 해두었던 문제는 다음과 같았다.

> 연필 한 다스는 열두 자루이다. 연필 네 다스를 여섯 사람이 똑같이 나누어 가지려면 한 사람이 몇 자루씩 가져야 하겠는가?

수학 선생님들은 항상 "문제 속에 답이 있다"고 말한다. 그러니까 문제를 차근차근 읽어보면 그 내용을 '수학적 언어'로 재구성할 수 있고(예: 방정식을 세우는 일) 거기에서 우리가 원하는 정보를 얻을 수 있다는 얘기다. (어떻게 된 영문인지 설명하는 말이 더 길고 어려워진 것 같다.) 수학 선생님들 말씀대로 이 문제를 다시 한번 차근차근 읽어보자. 연필 한 다스는 열두 자루니까 연필 네 다스는 $12 \times 4 = 48$자루이다. 그런데 이걸 여섯 사람이 똑같이 나눠 가지려면 48을 6으로 나누면 된다. 구구단을 외워보면 $6 \times 8 = 48$이니까 48을 6으로 나누면 8이 된다. 따라서 한 사람이 여덟 자루씩 가지면 된다. 비교적 쉬운 문제다.

그러나 이건 어른들 생각이고, 그때 우리 아이는 이제 겨우 구구단을 배운 마당이었다. 그러니까 '48 나누기 6'은 할 수 있어도 '12 곱하기 4'는 아직 할 줄 몰랐다. 물론 문제의 핵심은 '구구단과 나눗셈'이었다. 즉 '48 나누기 6'이 문제의 핵심이라는 얘기다. 그런데 출제자는 핵심에 너무 집착한 나머지 그 문제를 풀어야 하는 어린이들에게는 (사실은 어른들에게도 그렇겠지만) 12×4가 48 나누기 6보다 어려운 문제라는 점을 깜빡한 것이다. 따라서 이 문제의 최대 난관은 '문제의 핵심'에 있는 것이 아니라 (출제자의 의도와는 상관없이!) '연필 네 다스가 모두 몇 자루인가'에 있었다.

정상 궤도를 벗어난 문제 때문에 어떻게 해야 할지 헷갈린 나는 일단 연필 네 다스가 몇 자루인지 계산하려면 어떻게 해야 하느냐고 물어보았다. 녀석의 짜증 섞인 대답이 되돌아왔다.

"'12 곱하기 4'인데 아직 안 배웠잖아요?"

지극히 옳은 말씀이다. 네가 아직 안 배운 것을 나는 어떻게 설명하란 말이냐? 나는 속으로 투덜대면서 일단 이 문제의 핵심은 '48 나누기 6'이니까 '12 곱하기 4' 부분은 그저 12를 네 번 더하는 것으로 만족하자고 마음을 정했다. 12 + 12 = 24, 24 + 12 = 36, 36 + 12 = 48. 뭐, 이러면 될 게 아닌가?

"자, 12 곱하기 4는 12가 몇 개 있다는 뜻이지?"

"네 개요."

"그러면 12를 어떻게 해야 하지?"

나는 당연히 12를 네 번 더하면 된다는 대답이 나오기를 기대했다. 그런데 이 녀석이 그 쉬운 대답도 못하고 고개를 갸웃거리는 게 아닌가? 이럴 때 가슴에서 열불이 나지 않는 부모는 부모가 아니다. 나는 물론 훌륭한 부모이니까 열불이 나기 시작했다. 제 자식은 못 가르친다더니 도대체 '내 아들'이 저렇게 간단한 것도 모른단 말인가. 뭔가 유전자에 문제가 있을 텐데 이건 분명히 엄마 탓일 거다. 이렇게 말도 안 되는 상상을 하다가 드디어 '뚜껑이 막 열리려는' 순간에 녀석이 밝은 표정으로 외쳤다.

"아항! 이제 알았다."

"뭘 말야?"

"48이죠?"

답은 맞다. 그런데 이 녀석이 어떻게 그걸 알았을까? 그동안에 벌써 12를 네 번 더했나?

"응, 답은 맞는데, 왜 그렇지?"

"32 더하기 16은 48이니까 그렇죠."

이놈아, 32 더하기 16이 48인 줄은 나도 안다. 그런데 '12 곱하기 4'하고 '32 더하기 16'하고 무슨 상관이냐? (이쯤에서 그 비밀을 알아낸 사람은 적어도 나보다는 수학적 재능이 뛰어난 사람이다.) 만일 녀석이 "36 더하기 12는 48이니까 그렇죠"라고 대답했다면 나는 즉시 "아하, 이 녀석이 그새 12를 네 번 더했구나. 음, 착한 녀석." 이렇게 생각했을 것이다. 그런데 난데없이 32 + 16 = 48이라고 하니 이게 무슨 소리지? 나는 혼란에 빠졌다.

"아니, '32 더하기 16'이 어떻게 해서 나왔는데?"

"'팔 일은 팔, 팔 이 십육, 팔 삼 이십사, 팔 사 삼십이'고요, '사 일은 사, 사 이 팔, 사 삼 십이, 사 사 십육'이잖아요?"

이 녀석이 수학 선생인 제 애비에게 구구단을 설명하는 거냐? 더욱 헷갈린 나는 그만 버럭 소리치지 않을 수 없었다.

"야, 누가 그걸 모르냐? 그거랑 이거랑 무슨 상관이냔 말야?"

"에이, 아빠도. 12는 8 더하기 4잖아요?"

나도 이젠 알았다. 이 자식이 건방지게 아빠에게 '배분법칙'을 설명하고 있는 것이다. 12는 8 + 4이므로 12가 네 개 있다는 것은 8도 네 개, 4도 네 개 있다는 뜻이다. 그런데 8 × 4 = 32, 4 × 4 = 16 이니까 12 × 4 = 32 + 16 = 48이 되는 것이다. 얼마나 신기한 방법인가? 아이들은 때로는 이렇게 너무나 신기한 방법으로 수학을 한다. 나는 너무나 기뻤다. 제 자식이 무언가 새로운 것을 알아낸 것을 보며 기뻐하지 않을 부모가 있을까? 물론 이런 건 옆집 아이도 알고 뒷집 아이도 알 것이다. 그러나 중요한 것은 남의 집 아이가 어떻다는 것이 아니라 '내 아이'가 전에 모르던 것을 오늘 새로 알게 됐다는 것이다. 나는 녀석이 우주의 구조라도 밝혀낸 것처럼 기쁜 마음이었다. 하지만 나는 명색이 교육자이고, 칭찬은 중요한 일이지만 무조건 칭찬하는 것은 '비교육적'이라는 것쯤은 아는 '냉철한 이성'을 지닌 사람이므로 다음과 같이 덧붙였다.

"참 잘했다. 정말 똑똑하구나. 그런데 말야. 아빠 같으면 12를 8 더하기 4로 생각하지 않고 10 더하기 2로 생각하면 더 계산이 쉬울 것 같은데 너는 어떻게 생각하니? 어디 한번 13 곱하기 5도 해볼래?"

녀석은 신이 나서 13 곱하기 5를 10 곱하기 5는 50, 3 곱하기 5는 15, 그래서 13 곱하기 5는 65라고 대답했고, 내가 곧이어 물어본 14 곱하기 7도, 24 곱하기 5도 거뜬히 계산해냈다. 나는 지금도 그때 그 순간의 '감격'을 잊을 수가 없다. 아아, 이런 날이 매일같이 계속 된다면 얼마나 좋으랴마는 이런 일은 아주 희귀하게 일어나는 일이고, 대부분은 '전투적인 분위기' 속에서 팽팽한 갈등과 긴장이 교차하다가 수학 공부가 끝나게 마련이다. 그러나 나는 이렇게 '아주 가끔' 일어나는 감격스러운 일 때문에 그렇게 힘들다는 '제 자식 가르치는 일'을 오랫동안(=고등학교 1학년 말까지) 계속할 수 있었다.

해답 훔쳐보기

아들 녀석이 초등학교 1학년일 때 아내는 압구정동에 있는 어느 화랑에서 사무원으로 일하고 있었다. 말이 사무원이지 아침 일찍 출근해서 멋진 유니폼으로 갈아입는 것이 폼 나는 일의 끝이고 그 다음부터는 화장실 청소를 포함하여 온갖 잡일을 해치워야 하는 완전한 '쉬다바리'였다. (다들 알겠지만 '쉬다바리'는 '시다바리'의 장동건식 발음이다.) 그때 딸아이는 만 두 살이었으므로 나는 매일 아침 아들아이는 학교에, 딸아이는 놀이방에 보내는 것으로 일과를 시작했다. 나도 새벽에 일찍 일어나 동이 트기 전에 연구실에 가서 내가 하고 싶은 수학 연구에 몰두하고 싶었지만(남이 들으면 진짜로 믿을까 걱정이다), 사정이 사정이니만큼 가장으로서의 의무를 다하는 쪽을 택했다. 그래도 그렇지 난 그때 대학교수는 풀타임 직업이 아닌 걸로 착각하는 사람이 (내 아내를 비롯하여) 너무나 많다는 사실에 지극히 절망했다는 건 밝혀야겠다.

물론 점심때가 되면 아들 녀석이 학교에서 돌아오기 때문에 잽싸게 집에 와서 아들놈과 점심을 같이 먹어야 했다. (딸아이가 다니던 놀이방은 다행히 오후 다섯시까지는 아이를 돌봐주었다.) 녀석과 매일같이 점심을 먹다보니 오므라이스와 카레라이스(이게 내가 제일 좋아하고 잘 만드는 요리였다)로 고정된 메뉴가 나부터 지겨워져서 (정말 믿을 수 없는 일이었다) 아파트 상가 지하에 있던 김밥집에서 김밥을 먹는 일도 많았다. 덕분에 김밥집 아줌마는 내가 완벽한 '등처가'(=아내를 등쳐먹는 실업자)라고 확신했다고 한다. 사실 그렇지 않겠는가? 매일같이 벌건 대낮에 아이의 손을 잡고 멋쩍은 얼굴로 김밥집에 들어서는 사나이가 있으니 그 이름은 돌아온 실업자 짱구. 뭐, 이렇게 되지 않겠는가?

점심을 먹고 나면 아이를 데리고 연구실로 갔다. 오후에는 대부분 강의가 있었으므로 녀석은 내 연구실에 혼자 남아 수학 문제를 풀어야 했다. 유난히 겁이 많은 놈이니까 때때로 혼자 있기 무섭다고 찡얼대는 경우에는 아예 강의실에 데리고 들어가 '조용히' 그리고 '얌전히' 수학 문제를 풀도록 배려한 적도 있다. 그러던 어느 날 그 녀석이 문제를 풀다 말고 끊임없이 질문을 해대는 바람에 대학원 강의가 초등학생 수준으로 떨어져버려 그 뒤로는 녀석이 두려움에 떨건 말건 연구실에 가둬놓는 걸로 끝을 내고 말았지만.

물론 나도 따뜻한 피가 흐르는 인간이니만큼 당근과 채찍을 병행했다. '오늘의 과제'를 정해놓고 거기까지 다 풀면 내 연구실에 있는 컴퓨터로 게임을 할 수 있게 해준 것이다. (그때 우리 집에 있던 컴퓨터는 '왕고물'이어서 녀석이 원하는 게임의 그래픽을 지원할 수 있는 능력이 없었다.) 그동안에 나는 녀석이 풀어놓은 문제들을 채점하고, 분류하고, 표시를 하며 수업 준비를 하곤 했다. 물론 '오늘의 과제'를 제대로 다 하지 못했을 때는 아빠로서 '당연한 반응'을 보였다. 울컥, 부르르 꽝, 그 밖의 여러 가지 '아이 하나 잡는 일' 말이다.

어느 날 강의가 끝난 뒤 연구실에 돌아왔더니 녀석은 '오늘의 과제'를 다 끝내놓고 게임에 열중해 있었다. 나는 녀석이 풀어놓은 문제들을 하나하나 채점해보았다. 그런데 이게 웬 기적일까? 신기하게도 한 문제도 틀리지 않고 다 맞은 것이었다. 문제가 너무나 쉬워 계산할 필요가 없었는지 풀이는 없이 완벽한 정답들만 줄줄이 적혀 있었다. 너무나 기쁜 마음에 들뜬 내가 녀석을 불렀다.

"야, 한 문제도 안 틀렸네. 정말 잘했다. 그런데 풀이는 어디 있나?"

순간 녀석의 표정이 이상해졌다. 나도 덩달아 표정이 굳어졌다. 이럴 때 아는 사람은 다 안다. 녀석의 표정이 무엇을 뜻하는지. 어서 빨리 컴퓨터 게임을 하고 싶은 마음에 수학책 뒤에 있는 해답을 주르르 베껴놓고 저렇게 천진한 표정으로 컴퓨터 게임을 하고 있었던 것이다. 나도 어렸을 때 저렇게 비겁하고 부정직하며 자기를 속이는 한심한 인간이었으므로 피가 거꾸로 치솟아올랐다.

"너, 이거 해답 봤지?"

녀석이 울며 항변했다.

"아니에요, 정말."

이럴 때 부모 마음은 찢어진다. 저렇게 울면서 자기 잘못을 부정할 때는 백이면 백 잘못한 것은 사실이니까 한 번만 봐달라는 얘기다. 나는 드디어 폭발했다. 우선 수학책을 집어들었다.

"이 바보 같은 놈, 넌 공부할 자격이 없다. 당장 이 책은 찢어버리자."

아이가 울며 매달렸다.

"그건 절대 찢지 마세요."

나는 더욱 광분했다.

"너 같은 놈은 공부하면 안 돼. 이 책은 당장 찢어버려야 해. 너 같은 놈이 공부하면 나라가 망해."

녀석이 두 손으로 수학책을 부여잡으며 애원했다.

"앞으로는 절대로 안 그럴 테니까 수학 공부는 계속하게 해주세요."

아니, 수학 공부를 계속하게 해달라니? 이쯤 되면 나는 안도의 한숨을 내쉬며 점잖게 물러설 수밖에 없다. 만일 이 녀석이 정말로 내가 수학책을 찢어버리도록 가만히 내버려두다가 "야! 잘 됐다. 이제부턴 게임만 해야지~~" 이렇게 나왔으면 그 난국을 어떻게 타개했겠는가? (물론 나는 전 세계 교육학자들이 모두 규탄할 무도한 짓을 아이에게 자행하겠지만.) 나는 그 녀석이 그때 왜 그렇게 필사적으로 수학 공부는 하게 해달라고 매달렸는지 그 이유를 알지 못한다. 초등학교 1학년 녀석이 수학에 대한 열정이 있던 것도 아닐 테고, 다른 건 잘하는 게 하나도 없던 녀석이 그나마 수학 하나 조금 잘하는 걸로 위안을 삼았기 때문은 아닐까 짐작해볼 뿐이다.

어쨌든 녀석과 나는 '신사 협정'을 맺었다. '특별히' 녀석이 수학 공부를 계속하는 것을 허락해주는 대신 녀석은 절대로 해답을 보지 않는다는 것이 그 협정의 내용이었다. 솔직히 나에게 일방적으로 유리한 불평등 조약이었다.

징말 녀석은 그 뒤로는 한 번도 해답을 보지 않았다. 대부분의 '보기 문제'는 해답이 바로 밑에 있는데도 무수히 틀리는 걸 보면 해답을 보지 않는 건 사실이다. 이렇게 한 것이 (비록 엄청난 빅뱅이 일어난 후의 일이긴 하지만) 우리 아이가 비겁하고 부정직하게 살아가는 것을 방지하는 데는 커다란 도움이 된 것 같다. 그리고 수학 공부는 이렇게, 해답 따위의 도움을 받지 않고 스스로 문제를 풀어내는 버릇이 들어야 비로소 그 참다운 맛을 느낄 수 있는 법이다. 또 그래야만 자신의 판단에 대한 믿음도 생긴다. 자신이 푼 것을 항상 해답과 맞춰봐야 비로소 마음이 놓인다면 앞으로 인생을 어떻게 살겠는가? (물론 채점을 하는 나는 해답을 본다.)

나는 녀석이 고등학교 1학년이 될 때까지는 채점을 해주는 의무와 권리를 성실하게 이행했다. 도대체 이 짓을 언제까지 해야 하나 고민하려는 순간 녀석이 선언했다. "이젠 내가 알아서 해!" 고등학교 1학년이 끝나가던 어느 날이었다.

축구 천재와 우리 아들

오늘도 기주가 찾아왔다. 우리 아이랑 축구를 하기 위해서다. 기주는 4층에 사는 '축구 천재'다. 이제 겨우 초등학교 2학년인 꼬마가 인스텝 킥 등 모든 기본기를 고루 갖추고 있을 뿐만 아니라 심지어는 발리 슛까지 할 줄 안다. 내가 언제나 우리 아이를 잘 가르쳐 달라고 기주에게 부탁하기 때문에 기주는 축구하러 나갈 때마다 우리 아이를 찾는 것이다. 아빠가 이렇게 압력을 행사하지 않으면 불쌍한 우리 아이는 아무도 끼워주지 않으려고 한다. 운동신경이 제 할아버지를 닮았는지 빵점에 가까운 데다가 엉덩이를 뒤로 내밀고 펭귄처럼 뒤뚱뒤뚱 뛰는 모습은 '도저히 아니올시다'이다. 초등학교 1학년 첫 운동회 때 녀석은 달리기에서 꼴찌를 했다. 그것도 반 대표끼리의 시합에서가 아니라 같은 반 아이들끼리 줄서서 그냥 네 명씩 달렸는데 메달권에 들지 못하고 4위를 차지한 것이다. 무엇보다 유선이 가장 중요하다고 주장해온 내가 그만 간과한 것이 바로 '격세유전'이다. 내가 자라면서 할아버지 닮아서 그렇다고 수많은 꾸중을 들었는데 이제 나에게도 비로소 그 한을 풀 기회가 왔단 말인가.

아이가 나간 뒤에는 창문을 열고 내다본다. 역시 우리 아이는 공한 번 제대로 잡지 못하고 어슬렁거리고만 있다. 창문을 열고 내다보는 나를 발견한 꼬마들이 "아저씨도 빨리 나와요!" 하고 소리친다. 기다리던 일이다. 내가 나가야만 불쌍한 우리 아이가 한 골이라도 넣을 수 있기 때문이다. 나는 잽싸게 옷을 갈아입고 놀이터로 나간다. 나와 우리 아이, 그리고 3학년 꼬마 한 명이 한 편, 기주와 4학년짜리 꼬마 둘이 한 편. 물론 여기서 왕년의 솜씨를 과시할 순 없다. 일부러 공도 뺏겨야 하고 적당히 스코어도 조작해주어야 한다. 때로는 우리 편이 지기도 해야 한다. 그래야 계속해서 시합을 할 수 있을 게 아닌가. 기주는 이미 '초 2학년급' 선수이고 다른 아이는 모두 3, 4학년이니 우리 아이가 공 한 번 제대로 잡을 수 없다. 결국 내가 다른 사람을 모두 제치고 완벽한 패스를 연결해주어야 비로소 한 번쯤 찰 수가 있다.

그러나 아무리 자기 자식이지만 주는 공마다 놓치면 애비인 나도 화가 난다.

"야, 임마. 공 좀 잘 잡아."

"아이, 공이 너무 빨라요."

나는 더 참지 못하고 소리친다.

"공이 빠른 게 아니고 네가 느린 거야."

어쨌든 이런 팔불출 아빠의 헌신적인 노력으로 녀석은 무려 여덟 골이나 넣는 기염을 토했다. 그런데 오늘은 이상하다. 다른 때 같으면 신이 나서 제 엄마한테 자랑을 늘어놓을 텐데 오늘은 축구가 끝나자마자 심각하게 물어온다.

"아빠. 왜 나만 느려요?"

내가 어떻게 아냐? 그것 때문에 나도 열이 난다. 열이 나.

"연습을 열심히 하면 빨라질 수 있어."

"그게 아니라요. 나는 왜 느리게 태어났느냐구요?"

이 녀석이 이젠 책임 회피를 하려고 한다. 그건 아빠 탓이 아니라 엄마 탓이다. 엄마 탓. 아니, 할아버지 탓이다. 할아버지 탓.

"그래도 연습을 하면 빨라질 수 있어."

"그건 나도 알아요. 아빠는 아까부터 왜 똑같은 말만 해요? 나는 왜 느리게 태어났느냐구요?"

더 계속하면 결과는 뻔하다. 나는 이성을 잃고 소리를 고래고래 지르기 시작할 것이고 반항기에 들어선 것 같은 (하긴 항상 반항기였지. 뭐) 아이는 "아빠는 아무것도 몰라!" 하고 소리치며 항변할 것이다. 나는 냉정을 찾기 위해 목욕탕에 들어갔다. 며칠전엔 아이들이 축구하는 데 끼워주지 않는다고 엄마한테 화풀이를 하며 난리를 쳤다고 한다. 내 아들만 아니라면 나도 그렇게 펭귄처럼 뛰는 놈하고는 같이 공 차고 싶지 않다. 그러나 이 녀석은 내 아들일 뿐만 아니라 우리 집안의 13대 종손이 아닌가.

나는 모든 일을 결정할 때에 "이럴 때 아버지라면 어떻게 하셨을까?" 하고 생각하는 버릇이 있다. 내가 세상에서 가장 존경하는 분인 만큼 그렇게 결정한 일은 항상 후회가 없다. 그러나 이렇게 아이와 부딪칠 때는 절대로 그렇게 하면 안 된다. 우리 아버지는 그럴 경우 백빌백중 호랑이처럼 포효하기 마련이었고, 나는 동서남북이 어딘지 몰라 헤매곤 했다. 그런데도 자꾸만 아버지 얼굴이 떠오른다. 그랬다간 녀석은 오늘 어떻게 될지 모른다. 나는 억지로 예수님, 부처님, 공자님 등의 얼굴을 떠올린 후 엄숙한 표정으로 녀석과 마주했다.

"아이들이 너랑 축구 안 하려고 하지?"

"네. 정말 이상해요."

이상하긴 뭐가 이상하냐? 난 하나도 이상하지 않다.

"왜 그런다고 생각하니?"

"몰라요. 이상하다니까요."

나는 잔인하게 비수를 찔러 넣는다.

"그건 네가 너무 못해서 그래."

"……"

내 목소리가 '아주 조금' 올라간다.

"네가 너무 못해서 방해가 되니까 그렇단 말야. 알았어?"

녀석이 풀이 죽은 모습으로 대답한다.

"나도 잘하고 싶은데 잘 안 돼요."

그건 그렇다. 이 세상에 잘하고 싶지 않은 사람이 어디 있겠는가. 이렇게 가슴 아픈 대답이 '내 아들' 입에서 나오니 나도 가슴이 저려온다. 그러나 이럴 때 약해지면 안 된다. 나는 녀석에게 다짐했다. 네가 남에게 방해가 안 될 정도만 되면 친구들이 너도 축구에 끼워준다. 그러려면 연습을 많이 해야 한다. 벽차기가 재미가 없어도 열심히 해야 하고, 달리기가 시시해 보여도 꾸준히 해야 한다. 그러면 어느 날 갑자기 축구를 잘하게 되고, 그때가 되면 친구들이 오히려 같이 하자고 할 것이라고. 녀석이 무언가 깨달았다는 듯한 표정으로 고개를 끄덕이지만 그걸 믿는 부모는 정말 바보다, 바보. 그리고 바보가 아닌 부모는 부모가 아니다.

축구선수의 꿈

나는 어린 시절 축구선수가 되는 게 꿈이었다. 그런 꿈을 갖게 된 특별한 계기를 묻는다면 1970년에 열렸던 제14회 메르데카컵 국제 축구대회라고 대답할 것이다. 초등학교 3학년이던 나는 여름방학을 맞아 "고국에 계시는 동포 여러분 안녕하십니까? 여기는 말레이시아의 수도 쿠알라룸푸르……" 이렇게 시작되는 라디오 중계방송을 들으며 축구와 친해졌다. 특히 '아시아의 표범' 이회택이 준결승전 (대 인도 3-2)과 결승전(대 버마 1-0)에서 잇달아 결승골을 넣은 장면이 인상적이었다. (보지도 못하고 듣기만 한 거지만……) 그해에는 마침 멕시코 월드컵도 열렸고, 포르투갈의 '검은 표범' 에우세비우가 벤피카 팀과 함께 내한하기도 해서 아이들 사이에 축구 열기가 장난이 아니었다. 하긴 그때 뭐 축구 말고 다른 운동이 있었나?

그때부터 축구에 빠져든 나는 초등학교를 졸업하고 중학교에 들어갈 때까지만 해도 '한국판 펠레'가 되겠다는 꿈을 버리지 않았다. 장래 희망은 물론 축구선수였다. 초등학교 6학년 때는 네덜란드의 축구 영웅 요한 크루이프의 백넘버인 14번을 등에 달고 학교 대표 선수로 뛰기도 했다. 비록 후보 수비수에 지나지 않았고, 요한 크루이프가 누군지도 모르는 친구들이 유동춘의 등번호를 가져다 쓴 거라고 놀려댔지만, 나는 마음속으로 '두고 봐라, 요놈들아. 언젠가는 나의 진가를 알게 될 것이다' 하고 큰소리를 쳤다. 그런데 중학교 2학년이 되어 철이 좀 들고 나니 축구선수가 된다는 게 너무나 허황된 생각이라는 걸 뼈저리게 느끼게 되었다. 아니, 축구반 수준의 축구부에서 1년에 한 번 나가는 서울시장기대회 출전 선수 명단에도 끼이지 못하는 것이 현실인데 요한 크루이프는 무슨 얼어죽을 요한 크루이프인가?

그야말로 인생이 산산이 부서지는 절망 속에서 나를 겨우겨우 지탱해준 것이 바로 수학이었다. 그래서 지금은 축구선수 대신 수학 선생 노릇을 하고 있다. 그렇다고 해서 우리 아들까지 축구를 포기할 수는 없는 노릇이었다. 아니, 그렇기 때문에 그 녀석은 반드시 축구선수가 되어야 했다. 아빠의 꿈을 대신 이루는 것은 아들의 첫째 의무가 아닌가. 나는 그래서 녀석이 태어나자마자 세뇌를 시켰다. 너는 반드시 축구선수가 되어야 한다. 너의 장래 희망은 축구선수다.

그러나 우리 아들 녀석은 수줍음을 잘 타는 성격에다 운동 신경이 조금(!) 뒤떨어져서 다른 아이들과 뛰어노는 것을 그리 즐기는 편이 아니다. 대학교수의 체면은 아랑곳없이 학생들과 운동장에서 뛰어노는 것을 즐기는 제 애비가 그런 아들놈 꼴을 달가워할 리가 없다. 나는 수학 선생이니만큼 녀석을 볼 때마다 오늘 수학 공부는 했느냐고 묻는다. 만일 오늘 해야 할 분량을 다 하지 않았으면 그 자리에서 불호령이 떨어진다. (우리나라 교육은 바로 나 같은 '극성 학부형'들이 다 말아먹는 것이다.) 그렇지만 녀석이 아이들과 뛰어논다면 수학 공부는 면제다. 친구들과 뛰어놀며 건전한 인격을 함양하는 것이 수학 문제 하나 더 푸는 것보다는 낫기 때문이다.

그날도 아이들이 뛰어노는 소리가 들리자 녀석은 풀던 수학 문제를 집어던지고는 의기양양하게 "놀고 올게요" 하며 놀이터로 나갔다. 나는 녀석이 진정한 남자로 자라나는 것을 기뻐하며 가슴 뿌듯해했다. 그런데 이게 웬일인가. 친구들과 축구를 하며 씩씩하게 뛰어놀아야 할 녀석이 금방 엉엉 울며 들어오는 것이 아닌가. 제 자식이 못난 모습으로 찔찔 짜며 들어오는 것을 좋아할 부모는 없다. 나는 잔뜩 못마땅한 표정을 지으며 웬일이냐고 힐난조로 물었다.

"종훈이 형(아파트 같은 층에 사는 6학년 아이)이 막 화를 내잖아요."

"착한 종훈이가 왜 괜히 화를 냈겠니? 그래서 그냥 들어왔단 말야?"

"축구하다가요, 제가 이렇게 (어정쩡한 폼으로 발을 치켜든다. 어휴……) 찼는데요. 종훈이 형이 막 화를 내더라구요."

보나마나 뻔하다. 3학년 중에서도 가장 못하는 편인 이 녀석이 5, 6학년들이 축구하는 데에 끼었으니 그야말로 '일생에 도움이 안 되는' 짓만 골라서 했을 것이다. 그러니까 야단맞아도 싸다, 싸. 그렇다고 그냥 들어와서야 어디 사나이라고 하겠는가. 나는 지금이라도 다시 나가서 뛰어보라고 설득했다.

"싫어요. 또 나한테 화만 낼 텐데요, 뭘."

녀석이 더욱 서럽게 울어대는 것을 보니 가슴이 찢어진다. 어쩌다가 저런 '불량품'이 내 아들로 태어났을까? 나는 이 녀석이 태어난 지 이틀 만에 축구공을 사주었다. 유학시절 친한 친구들을 모아놓고 돌상을 차렸을 때, 그 녀석은 다른 사람들이 어서 집으라고 난리를 치는 연필이나 실, 돈 같은 것은 거들떠보지도 않고 (마침 내가 가져다준) 축구공을 집어들었다. 그동안 내가 꾸준히 세뇌를 한 덕분에 이 녀석의 장래 희망은 축구선수다. 이미 아빠도 포기한 꿈을 녀석은 지금도 부르짖는다. 그런데 불행히도 동네 축구에서도 안 끼워주는 것이다.

따지고 보면 이게 다 업보인지도 모른다. 어린 시절 나는 무척 어리석게 축구를 했다. 초등학교 3학년 무렵 나는 축구공을 소유한 '구단주'로서 언제나 주전 공격수 자리를 차지하고 전권을 휘둘렀다. 친구가 나에게 제때에 패스를 안 하거나 수비하다가 실수라도 하면 나는 불같이 화를 내며 난리를 쳤다. 그중의 어떤 친구는 혼자 몰기만 한다고 내가 얼마나 난리를 쳤던지 그만 울고 만 일도 있다.

점잖은 대학교수가 된 지금도 나아진 것은 하나도 없다. 내가 지도하는 자연대 축구부 학생들이 실수를 하면 지체 없이 불호령이 떨어진다.

"야, 머리는 못 박을 때 쓸 거냐?" (헤딩을 적절히 활용하라는 뜻)

"너, 지금 발레하는 거냐?" (태클이 과감하지 못할 때)

"야, 임마! 너 투명인간이야?" (볼을 그냥 통과시킬 때. 그런데 나중에 생각해보니 투명인간도 볼을 그냥 통과시키지는 않는다.)

심지어는 코너킥을 실축했다고 "죽고 싶냐?" 하며 생명을 위협하기도 한다. 이런 모든 죄악의 대가가 우리 큰애에게 고스란히 돌아오는 것이 아닐까. 나는 마음이 쓰라려서 큰애를 조용히 타일렀다. 실력이 없으니까 실수를 하는 것이고, 그래서 아까 그 형이 야단을 친 것이다. 그렇다고 울고 들어오면 네 자신만 더욱 못나게 될 뿐이다. 그런 일에도 꿋꿋하게 견딜 수 있어야 진짜 남자다. 그리고 네가 다른 사람들보다 잘하게 되더라도 너는 남에게 그렇게 소리치지 말아라.

이미 축구할 마음이 달아난 녀석은 아까 하다 만 수학 문제를 풀기 시작한다. 못된 성질로 아들까지 고통을 받게 한 아빠는 마음속으로 굳게 다짐한다. 내일부터는 내 학생들을 야단치지 말아야지. 그 녀석들도 남의 귀한 자식인데 내가 대체 뭐라고 그리 심하게 군단 말인가. 내일부터는 작은 일도 칭찬하고 격려하자. 그래 봐야 '작심삼일'이겠지만 그것도 122번이면 1년은 버틴다. 그리고 생각했다. 아아, 이제는 때가 되었다. 우리 아들을 '축구의 저주'에서 풀어줄 때가…… 그래서 아이를 불렀다.

"윤구야, 너 나중에 뭐가 되고 싶니?"

"축구선수요."

"아빠는 차라리 네가 공부하는 게 나을 것 같다."

"왜요?"

"우리나라에 프로 축구선수가 몇 명이나 될 것 같으냐?"

"글쎄요." (하긴 나도 정확한 숫자를 모르는데…….)

"프로 축구 팀 하나에 40명이 있다고 해도 프로 선수가 겨우 500명밖에 안 된다. 그러니까 네가 나중에 프로 축구선수가 되려면 지금쯤은 학교에서 제일 잘해야 하지 않겠니?"

"……"

"그런데 너는 반에서도 제일 잘하는 건 아니잖아?"

"네……"

반에서 제일 잘해? 웃기지 마라. 반에서 제일 잘하기는커녕 한 반에 20명도 안 되는 남자 아이들 중에서 11명을 뽑는 데에도 끼지 못한다. 나는 차분히 설명했다. 사람은 누구나 타고난 재능과 개성이 다르다. 너는 축구선수보다는 차라리 공부를 열심히 해서 학자가 되는 편이 나을 것 같다.

자못 진지한 태도로 아빠의 말씀을 경청하던 녀석이 갑자기 물어 온다.

"아빠, 내가 축구를 잘하면 축구선수 시킬 거예요?"

"그럼, 그건 아빠의 꿈이다, 꿈." (그런데 지금은 '깨몽'이다.)

"그럼 아빠는 걱정할 게 없겠네?"

"뭐가?"

"내가 축구를 잘하면 난 축구선수가 될 것이고, 그럼 아빠는 좋아할 것이고, 내가 축구를 못하면 축구선수가 될 수 없다니까 그럼 아빠는 걱정할 게 없잖아?"

윽, 이렇게 지극히 옳은 말씀을…… 어쨌든 그뒤 얼마 지나지 않아 녀석은 '축구의 저주'에서 풀려났다. 걱정할 게 없었던 것이다. 그런데 지금은 녀석이 공부를 잘 못하는 것 같아 걱정이다. 부모에겐 원래 자식 걱정이 끊이지 않는 것이라지만……

황희 정승

　우리 아들아이가 초등학교 4학년 때의 일이다. 어느 날 아이 엄마가 녀석의 국어 시험 답안지를 보여주며 아이에게 무슨 말이라도 좀 하라고 다그쳤다.
　나는 정말 자기가 말하면 될 것을 이렇게 남편에게 악역을 떠넘기는 여자들이 너무나 싫다. 나는 영화 〈쉬리〉를 보고 난 뒤 우리 아들에게 이 영화가 주는 가장 중요한 교훈은 '여자는 절대로 믿지 말라는 것'이라고 가르쳐준 사람이다. (그 녀석이 청개구리처럼 이 말만은 철저히 지키면 어떻게 하나?) 특히 식당 같은 공공장소에서, 자기 아이가 온갖 창의적인 발상과 기상천외한 수법으로 장난을 칠 때, 그냥 자기가 야단치거나 제지하면 될 것을 아이가 귀여워 죽겠다는 표정으로 "아저씨가 이놈! 한다"며 안 그래도 극도의 인내심을 발휘하며 참고 있는 다른 테이블의 마음 좋은 아저씨들을 악당으로 만드는 아이 엄마들을 너무너무 증오한다.

　실제로 나는 그런 경우 "이놈!" 해본 적이 있다. 예상대로 아이는 "으왕~~" 울음을 터뜨렸고 아이 엄마는 내게 왜 아이를 울리느냐고 강력한 항의를 했다. 뻔뻔스러운 나는 매우 기가 막히다는 표정으로 반문했다.

　"아니, 이놈! 하라면서요?"

　그러나 아무리 이런저런 불만이 많으면 무얼 하겠는가? '힘의 우위'를 확보하지 못한 사람이 택할 수 있는 길은 굴종밖에 없다. 할 수 없이 전공도 아닌 국어 시험 문제지와 답안지를 들고 아이와 대화를 시도했다.

　시험 문제는 조선 초기의 명재상 황희 정승에 대한 얘기였다. 황희 정승이야 인자한 성품과 현명한 처신으로 유명한 분 아닌가. 그러니까 네 말도 옳고 네 말도 옳고 그리고 네 말도 옳다고 한 '무책임한' 발언마저 훌륭하고 멋있는 격언으로 남아 있는 것이(라고 생각한)다. 특히 농부와 황소의 이야기는 나처럼 자기 주장이 강하고 굳센 의지(남들은 이걸 글쎄 완고하다고 표현한다. 억울하게……)를 지닌 사람을 깊이 반성하게 만든 일화다.

　그렇게 훌륭한 어른에게도 말썽쟁이 아들이 있었다. (멀리까지 갈 것도 없다. 내가 바로 우리 부모님께 그런 아들이었다. 음, 지금도…… 그런가……?) 그 아들 이름은 수신이라고 했는데 누구를 닮았는지 기생집 가는 걸 즐겨 했다고 한다. (김유신 장군도 그랬다는 걸 보면 이게 위대한 인물이 되기 위한 필요조건 같기도 하고……) 그래서 하루는 황희 정승이 아들을 불러놓고 엄하게 꾸짖었다.

　"네 이놈! 다시는 기생집에 가지 말거라. 다시 한번 그런 곳을 들락거리면 너는 내 아들이 아니다."

그런데 수신은 무슨 깡인지 계속 기생집을 들락거리는 것이었다. 보다 못한 황희 정승이 '다른 방법'(여기에 밑줄이 그어져 있었다)을 생각해냈다. 어느 날 작정을 하고 수신이 자주 가는 기생집 앞에서 기다린 것이다. (요즘 같으면 '기도 보는' 조폭 똘마니들이 집에 가서 애 나 보라고 쫓아내지 않았을까? 하긴 재상이면 권력의 최정점 근처에 있는데 함부로 하진 못했겠지?) 드디어 거나하게 술에 취한 수신이 나타났다. 그때, 모두가 깜짝 놀랄 일이 일어났다. 황희 정승이 아들 수신에게 큰절을 올린 것이다!

아무리 술에 취했기로서니 수신도 인간인데 놀랄 수밖에 없었다. "아니, 아버지, 이게 무슨 일이시오니까?" 반문하는 수신에게 황희 정승은 다음과 같이 말했다고 한다.

"내 꾸짖음에도 아랑곳 않고 계속 기생집을 들락거리는 것을 보니 네가 나보다 높은 지위에 있는 사람인 모양이다. 그래서 이렇게 큰절을 올리며 부탁을 드리면 들어줄 것 같아서 그랬다."

그 다음부터는 뻔한 이야기다. 그후로 수신은 [이 부분은 빈 괄호이다]. 그리고 전력을 다해 공부에 전념하여 나중엔 벼슬이 우찬성에까지 올랐다. 뭐 이런 얘기다.

그럼 시험 문제는 무얼까? 하나는 밑줄이 그어진 '다른 방법'이 무엇인가를 주관식으로 서술하는 것이었다. 윤구는 아무것도 쓰지 못했다. 다른 방법이 무엇인가? 이런 건 대부분 쉽게 맞히는 문제다. 황희 정승이 아들에게 큰절을 한 것이다. 나는 아무것도 쓰지 않은 아들에게 왜 아무것도 쓰지 않았느냐고 물었다.

"도대체 모르겠어요~~"

"아니, 황희 정승이 아들에게 큰절을 한 것이 '다른 방법' 아니냐?"

"그게 왜 방법이 돼요?"

"넌 아빠가 네게 큰절을 올리면 놀라지 않겠니?"

"네, 놀랄 거예요."

"그럼, 다시는 기생집에 가지 않겠다. 이런 결심이 저절로 서지 않겠니?"

"글쎄요."

"뭐? 그럼 넌 아빠가 절까지 하며 기생집에 가지 말라고 해도 계속 갈 거야?"

"아니, 나는 누가 그런 말 안 해도 그런 데 안 가요."

우리의 대화는 이렇게 뭔가 핀트가 어긋난 채 뱅뱅 돌았다. 나는 결국 황희 정승의 방법이 모든 사람을 납득시킬 만한 논리 구조를 가진 건 아닌 것으로 판단할 수밖에 없었다. (물론 아들에 대해 팔이 안으로 굽는 경향도 있었지만……) 할 수 없이 다음 문제로 넘어갔다.

다음 문제는 '그후로 수신은 〔   〕' 부분에 나오는 괄호 안에 들어갈 말을 써넣는 것이었다. 상식적으로 생각해보라. 답이 도대체 무엇이겠는가? "다시는 기생집에 가지 않았다." 바로 이게 정답이 아니겠는가? 이건 정말 상식 아닐까?

그런데 윤구는 정말 기상천외한, 그러나 지극히 논리적인 대답을 써놓았다. 그 녀석의 답안지에는 이렇게 쓰여 있었다.

(극적인 효과를 위해 다음 페이지에 쓰겠다.)

"아들이 아니라고 했다."

IQ가 높다는 것

20세기 말 어느 일간지에서 '386세대'를 특집으로 다룬 적이 있었다. 나이는 30대, 80년대에 대학에 다니고, 60년대에 태어난, '신세대'와 '쉰 세대' 사이에 위치한 '낀 세대'에 대한 얘기였다. 그때는 지금처럼 '386세대'가 정치적으로 '방방 뜨기' 몇 년 전의 이야기라서 약간 어둡고 우울한 얘기들이 주된 테마였다. 하긴 개인적으로는 '386세대'라고 불리는 인간들이 멋모르고 방방 뜨고 있는 지금이 더 심각한 상태라고 생각하지만.

1961년생 소띠인 나는 '원단 낀 세대'이다. 대학 시절부터 '386세대'와는 공감대를 형성했던 적이 거의 없으므로 나는 누가 나를 '386세대'라고 부르면 (어느새 'x86세대'로 업그레이드 되었지만) 격렬하게 저항하며 부인한다. '극우 보수 반동 친미 제국주의자'(어느 '주사파' 후배의 표현이다)이며 '수구 꼴통'(음, 어느 대통령께 투표를 하지 않았더니 이런 소리를 들었다)인 내가 '386세대'로 불리는 건 너무나 억울한 얘기다. 그런 내가 단 한 가지 '386세대'와 공유하는 부분이 있다면 그건 아마 IQ에 대한 경험일 것이다.

모르긴 몰라도 우리나라 교육 역사에서 IQ에 의한 여러 가지 실험과 장난(실례!)이 본격적으로 자행되기 시작한 대상이 바로 우리 '긴 세대'일 것이다. 세계에서 IQ가 제일 높다던 '김웅용 소년'도 우리 세대이다. 우리는 새로 학교에 들어갈 때마다 무슨 애들 장난 같은 테스트를 받은 뒤 그 결과로 나오는 '두 자릿수'와 '세 자릿수'에 민감하게 반응해야 했다. 어린이답게 그저 씩씩하게 뛰어놀다 보니 지금 받는 테스트가 도대체 무엇인지도 모르고 가벼운 마음으로 문제를 풀고 나온 까닭에 점수가 낮게 나온 친구들은 졸지에 '두 자릿수 저능아'가 되었다. 또 어린 녀석이 시건방지게(?) 이런저런 이상한 퀴즈 문제를 많이 풀어본 경험이 있는 탓에 점수가 높게 나온 친구들은 "쟤는 머리는 좋은데 공부를 안 한다"는 터무니없는 모략에 시달려야 했다. 이런 어처구니없는 현상은 우리나라뿐만 아니라 전 세계를 휩쓰는 유행성 독감인지 세상엔 IQ가 아주 높은 사람들이 모여 만든 클럽도 있으니 더 말릴 도리도 없는 것 같다. 그러나 우리 한번 생각해보자. 우리가 별로 근거도 뚜렷하지 않은 숫자놀음에 목을 매고 일희일비하는 게 과연 합리적인 노릇인지를.

고등학교 3학년 때 내 짝 중의 한 명은 (나는 공부 시간에 걸핏하면 다른 데 정신 팔곤 해서 짝이 여러 번 바뀌었다. 뭐, 공부에 방해가 된다나? 의리 없는 녀석들⋯⋯) 고등학교 2학년 때까지는 반장도 하고 성적도 우수한 모범생이었는데 IQ 때문에 졸지에 열등생이 된 친구다. 그 친구는 어느 날 학생생활기록부를 정리하다가 그만 자신의

IQ가 98인 것을 알게 되었다. (우리가 학교 다닐 때는 반장만이 아니라 웬만한 학급 임원만 돼도 친구들의 IQ 같은 '사생활의 비밀'을 다 알 수 있었다.) 자신이, 평소에 그렇게 경멸해 마지않던 '두 자릿수 저능아'가 바로 자기 자신이라는 사실이 너무나 믿어지지 않았지만 자기 눈을 의심할 수는 없었다.

자기보다 더 놀란 어머니 손에 이끌려 어느 심리연구소에서 다시 한번 IQ 테스트를 받아 자신의 '진짜(?) IQ'가 '세 자릿수'임을 확인하긴 했지만, 한번 자신의 능력에 대한 자신감을 잃어버린 그 친구는 완전히 변해버렸다. 친구들이 아무리 충고해도 그는 들은 척도 하지 않았다. 머리가 나쁜데 아무리 공부해봐야 무슨 소용이 있느냐는 것이었다. 고등학교 1학년 때까지 전교 최상위권이던 그의 성적은 3학년 때는 중간 이하로 떨어졌고, 결국 원하던 대학에는 진학하지 못했다.

물론 그때 그 친구가 IQ를 들먹이며 공부를 하지 않은 것은 사춘기의 반항이며 핑계였을지도 모른다. 그리고 그의 인생이 실패한 것도 아니다. 그는 지금 손꼽히는 국내 기업의 우수한 직장인이 되어 사회에서 맹활약하고 있다. 그러나 어느 심리학자가 발명한 IQ라는 이상한 숫자가 그의 가슴에 깊은 상처를 입힌 것만은 사실이다.

또다른 친구는 그 반대 경우이다. 중학교 때부터 IQ가 140이 넘는데 성적은 반에서 중간 이하인 '신화'의 주인공이었던 그는, 자신은 머리가 너무 좋아서 한국식 교육엔 적응할 수 없다는 뚜렷한 신념을 가지고 있었다. 따라서 그의 성적은 점점 더 나빠졌고, 그럴수록 그는 더욱더 기고만장했다. 성적이 떨어지는 건 타고난 천재성을 증명하는 징표이니만큼 그가 기고만장해하는 것도 당연한 일이었다. 그러나 불행히도 그를 제외하곤 아무도 그가 천재라는 걸 믿지 않았다. 그리고 그는 자신의 천재성을 알아주지 않는 우리 사회를 저주하며 점점 더 불건전한 생활의 유혹에 빠졌다. 사실 그가 자신의 천재성을 주장할 수 있었던 유일한 근거인 IQ도 이미 중학교 2학년 때부터 서서히 떨어지고 있었다. 결국 그는 비뚤어진 개성파, 사이비 천재 흉내만 내다가 우리들의 시야에서 사라졌다.

비록 사춘기 때 잠시라곤 하지만 이렇게 순진한 인간의 마음에 깊은 상처를 입히는 모든 불행한 사태의 원인은 아주 간단하다. IQ 테스트를 통해 나타난 점수를 이상한 방향으로 확대 해석하기 때문이다. 세상에는 머리 좋은 사람들이 따로 있는 게 분명한 사실이며, 보통 사람들보다 노력이 더욱 필요한 사람들이 따로 있는 것 또한 분명한 사실이다. 그러나 세상엔 '하면 되는' 사람과 '해도 안 되는' 사람이 있을지는 모르지만 '안 해도 되는' 사람은 없다. 더구나 '하면 되는' 사람과 '해도 안 되는' 사람이 IQ처럼 어떤 수치에 의해서 확연히 갈라지는 것도 아니다. ('해도 안 된다'는 말 또한 지극히 상대적인 얘기다. 목표가 너무 높으면 누구나 아무리 해도 안 된다.)

IQ 테스트는 단순하게 말하자면 언어 능력과 수리 능력, 그러니까 국어와 수학 실력을 테스트하는 것이다. 그러므로 실제 학업 성적과 어느 정도 상관이 있는 것은 당연하다. 그렇지만 이 수치가 인간의 선천적인 능력을 측정한다는 주장엔 동의하기 어렵다. IQ 테스트도 결국은 시험이다. 시험은 시험 공부를 열심히 한 사람이 점수가 좋게 마련이다. 주변 사람에게 확인해보면 금방 알겠지만, IQ 테스트도 보통 시험처럼 비슷한 문제를 자꾸 풀어보고 연습을 하면 성적이 올라간다. 물론 한두 번만 풀어보고서도 높은 점수를 받는 사람이 있고, 아무리 해도 안 되는 사람이 있을지도 모른다. 어쨌든 그 점수가 선천적으로 타고난 어떤 능력을 절대적으로 나타내는 지표가 될 수 없음은 분명하다. 공부하면 올라가는 점수가 어떻게 선천적인 능력을 나타내겠는가. 나는 그렇게 인간의 능력을 계량화, 수치화하려는 시도 자체의 비인간성과 무모함을 지적할 수밖에 없다.

나는 우리 아이들의 IQ를 모른다. 아마 학교에서 측정한 적은 있을 텐데 본인들도 나도 거기엔 관심이 없었다. 나의 지극히 주관적인 견해에 의하면 'IQ란 IQ 테스트를 잘 치르는 능력을 나타내는 것' 이상도 이하도 아니다. 내 아이들의 IQ가 높든 낮든 나는 따뜻한 마음과 풍부한 감성, 그리고 유연한 상상력을 가진 사람으로 기르기 위해 최선을 다할 것이다. 그리고 그런 것들을 어떻게 수치로 측정할 수 있단 말인가?

EQ, 새로운 것은 아무것도 없다

내가 이렇게 IQ의 폐해에 대해 열을 올리는 동안 다른 한편에서는 IQ보다 더욱 독성이 강한 또다른 음모가 진행되고 있었으니 그 이름이 바로 EQ(Emotional Quotient, 감성지수)다. 우리나라에서도 이미 여러 해 전에 EQ 열풍이 분 적이 있었다. 어느 잡지에서는 '한국 선생님들은 모두 감옥에 가야 돼요'라는 무시무시한 제목의 특집 기사를 통해 EQ 열풍의 여러 가지 의미를 다룬 적도 있다.

교육학자들은 (물론 '일부'겠지만) IQ가 지적 능력을 나타내는 것이라면 EQ는 인간의 감성을 나타내는 것이라고 이야기한다. 따라서 한 사람이 사회에 적응하여 성공할 수 있는가를 측정하기에는 IQ보다 EQ가 더욱 중요하다고 말한다. 그리고 이 논리에 따라 EQ를 향상시키는 학습지, 학원, 유아 교육 교재 등이 홍수를 이루고 있다. 그러나 나의 지극히 주관적인 편견에 의하면 EQ는 그저 IQ보다 조금 차원 높은 사기일 뿐이다.

　EQ 이론을 개발한 심리학자들의 본래 목적은 건전한 사회 적응 능력을 후천적으로 개발하려는 것이었다고 한다. 그러나 우리나라에서 열병처럼 번졌던 EQ 열풍이 그저 좋은 대학 보내서 자식들을 출세시키려는 부모들의 극성 때문이라는 것은 누구나 알고 있는 뻔한 사실이다. (사실 나는 EQ 이론을 주창한 학자들의 목적도 그런 세속적 욕망에서 비롯된 걸 거라는 비뚤어진 편견을 가지고 있다.)

　어느 점잖은 교육학자님은 "EQ는 학습지 따위를 통해 길러지는 것이 아니라 부모 자신의 인격을 투자할 때 조금씩 습득되는 인성지수"라고 강조하시지만, 미안하게도 내가 보기엔 EQ도 학습지 따위만 보면 금방 올라갈 것 같다. 당장 시중에 흔히 돌아다니는 EQ 테스트 문제를 보자. 객관식 문제인데 (보통 심리 테스트가 다 그렇듯이) 어느 답을 선택하느냐에 따라 점수가 달라진다.

　문제) 당신이 탄 비행기가 갑자기 추락할 위험에 직면했다. 당신은 그때 어떻게 할 것인가?

1) 하느님을 저주하며 마구 소리를 지른다.
2) 차분한 마음으로 가족들에게 당부할 말들을 정리하여 편지를 쓴다.
3, 4) 정확히 기억할 수는 없지만 위에 말한 두 개의 중간 정도에 해당하는 반응들.

　당신 같으면 과연 어떻게 할 것인가? 이것 참 어려운 문제다. 그런 일이 생기지 않기를 바란다는 것이 성직한 대답일 것이다. 그러나 유감스럽게도 그건 중요한 문제가 아니다. 당신 같으면 과연 어떤 답을 고를 것인가? 이게 중요한 문제다. EQ는 어느 답을 고르느냐에 따라 나타나는 점수니까. 그런데 이건 고민할 것도 없다. 어느 답을 고르는 게 가장 점수가 높을지 너무도 뻔하기 때문이다. 이런 판에 세상에 어떤 '짱구'가 사실대로 자신의 행동에 가장 근접하는 항목을 고를 것인가. (그런데 실제로는 이렇게 정직한 사람의 EQ가 높아야 하는 것 아닌가?) 한 가지만 더 예를 들어보자.

문제) 여자 친구의 차를 얻어 타고 혼잡한 거리를 가고 있는데 옆에서 갑자기 차가 끼어들자 여자 친구가 마구 화를 냈다. 그때 당신은 어떻게 할 것인가?

1) 덩달아 같이 화를 내며 맞장구를 친다.
2) 나도 전에 비슷한 일을 당했는데 알고 보니 급한 환자를 싣고 가는 차였다고 말하며 여자 친구의 기분을 진정시킨다.
3, 4) 역시 위에 말한 두 경우의 중간 정도에 해당하는 반응들.

당신은 어떻게 하겠는가? 불행히도 내 경우는 정직하게 답하려고 해도 해당되는 항목이 없다. 나 같으면 여자 친구가 화를 내기도 전에 먼저 창문을 열고 "야! 이 ××야! 너 혼자 다니는 길이냐? 모가지를 비틀어버린다!!" 뭐, 이러면서 고래고래 소리를 지를 것이다. 그래도 내 EQ는 높을 것이다. 실제 행동과 많이 다르긴 하지만 정답이 무엇인지는 알고 있기 때문이다.

물론 무엇이 가장 점수가 높은 답인지 전혀 모르고 골랐는데도 '성공할 운명이기 때문에' 어쩔 수 없이 점수가 높게 나오는 사람들의 기분을 망칠 의도는 전혀 없다. 다만 나처럼 대부분의 문항이 자신의 실제 행동보다 너무나 멀어서 가장 '덜 먼 것'을 택해야 하는 경우 테스트 자체의 신뢰성을 의심할 수밖에 없다는 뜻이다.

어떤 분은 IQ는 선천적인 것이나 EQ는 80퍼센트 이상 후천적으로 향상시킬 수 있다고 말씀하시지만, 천만의 말씀이다. 둘 다 후천적인 노력으로 얼마든지 높일 수 있다. IQ 테스트도, EQ 테스트도 결국엔 수능시험이나 대학별 본고사, 또는 사법고시로 대표되는 여러 가지 유형의 시험 중 하나일 뿐이다. 이런 것들이 사람의 선천적 또는 후천적인 능력을 나타낸다고 주장하는 것은 그 사람의 자유이다. 그러나 EQ와 인간의 세속적 성공과의 상관관계를 규명하려는 사람은, 만일 그가 합리적이고 과학적인 사고방식의 소유자라면, 그 둘의 상관관계가 고교 내신 성적과 인간의 세속적 성공, 대학별 본고사 성적과 성공과의 상관관계보다 하등 나을 게 없다는 것을 금방 알 수 있을 것이다. 도대체 '인간의 성공'이란 것을 어떻게 정의할 수 있을 것이며, 또 어떻게 한 사람의 '감성 능력'을 수치로 나타낼 수 있다는 말인가.

아까 "EQ는 학습지 따위를 통해 길러지는 것이 아니라 부모 자신의 인격을 투자할 때 조금씩 배우는 인성지수"라고 강조하신 점잖은 교육학자님이 하고 싶은 얘기가 무엇인지는 나도 이해할 수 있다. 그러나 그분이 강조하신 것은 미안하지만 '인성'이지 '인성지수'는 아니다. 그분의 오류는 어쨌든 EQ는 중요하고 좋은 것이라는 전제 아래 논리를 전개한 데에 있다. 이건 마치 공산주의가 이론은 좋은데 실현이 불가능하다, 주체사상이 원래는 좋은 것인데 김일성 부자와 측근들에 의해 변질되었다는 따위의 이야기와 같다. 공산주의와 주체사상은 원래 그렇게 굴러가게 되어 있는 것이다. EQ 또한 마찬가지다. 아니, 누군가 주장하는 MQ(도덕지수)나 BQ(업무지수) 또한 마찬가지다. 즉 그런 것들 때문에 돈을 벌고 유명해지는 사람들 몇몇을 제외하고는 그저 생사람만 잡을 뿐 그런 수치들은 우리가 인간답게 사는 데에는 조금도 도움이 되지 않을 것이라는 얘기다.

만일 대상이 무엇이든 수치화하여 서로 1차원적으로 비교해야만 직성이 풀린다면, 그게 가능한 것들은 모두 학원 수업이나 학습지 따위로도 점수를 올릴 수 있는 저열한 능력이란 것을 깨달아야 한다. 일렬로 나란히 세워놓고 비교할 순 없지만 그래도 심정적으로 차이와 무게를 느낄 수 있는 인간의 '깊이'는 대개 수치로 나타낼 수 없는 것들이다. 사람의 애정, 믿음, 우정, 희망, 좌절, 분노, 기대, 그리움, 꿈…… 이런 것들을 어떻게 수치로 나타낼 수 있을 것이며, 또 만일 그런 게 가능하다면 인생은 얼마나 삭막해질 것인가. (물론 신용카드 회사들은 인간의 신용도를 수치화한다. 그렇지만 그걸 그대로 믿는 세상이 살맛 나는 좋은 세상은 아니라는 것 또한 우린 이미 알고 있다.)

무언가를 수치화, 계량화하는 것은 사물을 손쉽게 이해하게 해준다. 또 '수학적'이라는 이름으로 그러한 주장의 권위를 세워주기도 한다. 그러나 인생의 모든 중요한 것들을 수치화할 수는 없는 것이며 바람직하지도 않다. 수학이 자연과 인생을 모두 수치로 바꾸어 이해하려는 방법도 아니다. 수학은 상상력과 꿈을 강조하는 인간적인 사고방식이지 그저 공식이나 달달 외운 뒤 시시한 숫자를 대입하여 자연을 파악하려는 저열한 놀음이 아니다. 인간의 본질 중 어떤 부분은 수치가 아니라 '느낌'으로만 이해할 수 있다. (수치를 해석하는 것 또한 1차원적인 사고가 아니란 것도 알아야 한다.) EQ의 중요성을 주장하는 사람들의 이야기는 전혀 새로운 것이 아니다. 그들의 주장은 이미 성경에도, 불경에도, 유교 경전에도, 아니 계룡산 도사님의 설법에도 다 나와 있는 것들이다. 만일 그들의 주장에 새로운 것이 있다면 그러한 능력을 수치화하려는 시도일 것이다. 그러나 인간의 감성이나 인성 같은 것을 수치로 나타내려고 시도하는 순간 본질은 사라지고 껍데기에 불과한 숫자만 남는다는 사실을 기억해야 할 것이다.

병아리 감별법: 우리 아이는 영재일까?

얼마전 처제가 이상한 일을 부탁해왔다. 자기 동네에 사는 아이 하나가 수학적인 재능이 너무나 뛰어나다는데 그 아이가 영재인지 아닌지 알아봐달라는 것이다. (재능이 뛰어나다면서 왜 그런 걸 알아봐 달래?) 나는 이런 질문을 제일 싫어한다. (제일 싫어하는 질문이 벌써 몇 개나 나왔는지 모르겠다.) 아니, 세상에 자기 아이를 두고 애가 영재일까 아닐까 고민하다니, 영재이면 어떻고 아니면 어떻단 말인가? 그냥 정성을 다해 가르치면 되지 영재가 아니면 자기 아이를 시장에 내다 팔기라도 할 작정인가? (앗, 아니다. 그 반대일지도 모른다.) 약간 심사가 뒤틀린 내가 되물었다.

"몇 살인데?"

"만 두 살이오."

"수학적 재능이 어떻게 뛰어나다는 건데?"

"애가요, 글쎄 모든 일을 수학적으로 생각한대요."

그건 당연한 일이다. 영재 아니라 영재 할아버지라도 그렇다. 원래 인간의 사고라는 게 상당 부분 수학적으로 구성되어 있기 때문이다. 그렇지만 보통 사람들은 자기가 매일같이 수학적으로 사고하면서도 수학은 아무짝에도 쓸모가 없다고 투덜거리는데 이건 정반대의 경우가 아닌가? 그래서 약간 흥미를 보이며 다시 물었다.

"좀더 구체적으로 예를 들어봐."

"글쎄, 그게요. 애가 모든 일을 공식으로 이해하고 풀고 그런대요. 말도 수학적으로 하고 행동도 수학적으로 한대요."

이쯤 되면 얘기의 신빙성이 떨어진다. 이런 걸 바로 뜬구름 잡는 얘기라고 한다. 원래 '처제'의 정의가 '조금은 철이 없고 푼수 같지만 그래도 할 수 없이 어리광을 받아줘야 하는 처가쪽 친족'이라고 '나의 사전'에 나와 있다. 그래도 그렇지 나 같은 정통 수학자에게 마치 '미아리 족집게 도사'를 찾아온 듯 '향정신성 황당무계 아줌마 발언'을 늘어놓는 데는 더이상 참을 수가 없었다.

"뭐야? 어떻게 사람이 그럴 수가 있냐? 사람이란, 말은 '언어적'으로 하고 행동은 '동물적'으로 하는 거야. 지가 무슨 '레인 맨'이래?"

그러나 처제의 부탁이란 의외로 집요하고 끈질길 뿐만 아니라 (많은 경우 쓸데없음에도) 상당히 부담스러운 것이어서 나도 동료 교수에게 질문을 할 수밖에 없었다. 이분은 마침 서울대학교 영재 교육 센터에서 영재 교육을 맡고 있으니 나는 아주 적절한 사람을 찾았다고 생각했다.

"어떤 아이가 모든 말과 행동을 수학적으로 한다는데 그 아이가 영재인지 아닌지 어떻게 알아봅니까?"

그러자 상상도 못했던 과격한 대답이 돌아왔다.

"그걸 왜 나한테 물어봐? 미아리 족집게한테 가보라 그래!"

당황한 내가 한마디 덧붙였다.

"아니, 그래도 직접 영재 교육을 담당하고 계시니까……"

"그건 객관적인 검증을 거쳐 영재라고 판별된 아이들을 가르치는 거고, 이건 나보고 병아리를 감별하라는 얘기잖아?"

하긴 그렇다. 영재 교육 센터에서 교육받는 아이들은 일정한 시험을 거쳐서 선발된 아이들이다. 그래서 그에 대비한 과외까지 성행한다는 말도 들린다. (어휴, 어딜 가나 그놈의 과외……) 아니, 영재 교육 센터에 보내는 걸 믿을 수 있는 고급 과외를 하나 찾은 것 정도로 생각하는 학부모들도 많이 있다. 그런데 그 시험이란 것이 아무래도 한글로 나올 테니 모든 말을 수학적으로 하는 아이는 아마 통과하기 어려울 것이다. 그러니까 우선 한글이라도 깨쳐야 뭘 시작하든지 말든지……

나는 '영재 교육'의 전문가는 아니지만 대학에서 천하의 영재들을 오랫동안 가르쳐본 사람으로서 하고 싶은 말은 있다. 어떤 아이가 영재인지 아닌지는 상당 기간 가르쳐봐야 안다. 그럼 그 아이가 영재라는 것이 판별되면 그 다음엔 갑자기 뭐가 크게 달라지는가? 아니다. 기본적으로 배우는 내용의 진도와 깊이가 점진적으로(!) 달라질 뿐이다. (사실은 이게 바로 크게 달라지는 것이다.) 그리고 그렇게 달라져야 한다.

어떤 영재 교육 전문가(?)들은 영재들에겐 특별히 창의력을 길러주는 교육을 해야 흥미를 느낀다고 하는데, 그럼 영재가 아닌 범재들은 그저 죽어라고 외우기만 하는 공부를 특별히 좋아한다는 말인가? '창의력을 길러주는 교육'이 도대체 무슨 뜻인지, 그리고 그 교육의 내용은 정상적인 교육과 뭐가 그렇게 다른지도 모르겠거니와, 내 귀에는 우선 그 기치와 구호 자체가 주입식으로 암기한 것으로 들린다. 창의력이란 것은 "창의력을 기르자" 따위의 기치와 구호를 내걸고 떠든다고 해서 길러지는 것이 아니다. (나는 원래 그렇게 무슨 기치와 구호를 내걸고 하는 모든 움직임을 극도로 증오한다.)

영재든 범재든 사람을 교육하는 원리는 같다. 그리고 같아야 한다. 그 원리 또한 우리가 잘 알고 있다. '기본'과 '본질'에 충실한 교육, 자유로운 분위기 속에서 개성이 존중되며 상상력을 마음껏 발휘할 수 있는 교육, 그러나 진지한 노력을 강조하는 교육, 그래서 (저질 코미디 수준의 재미가 아니라) 자연스럽게 배우는 것 자체에 재미를 느끼는 교육이 바로 그것이다.

부모가 되어 자기 자식이 어느 분야에 어떤 재능이 얼마나 있는지 궁금해하는 걸 이해하지 못하는 게 아니다. 그렇지만 아직 어리기만 한 자기 자식이 영재인지 아닌지를 감별하려고 설치는 것보다는 '기본'과 '본질'에 충실한 교육을 정성껏 시키는 것이 더욱 중요하다고 생각한다. 물론 세상에는 특정 분야에 천부적인 재능을 지닌 사람들이 있다. 그리고 그런 사람들은 때가 되면 스스로 그 재능을 드러내게 마련이다. 그 다음에는 어떻게 해야 하나? 그 다음에도 역시 '기본'과 '본질'에 충실한 교육을 시켜야만 그 천부적인 재능을 활짝 꽃피울 수 있다. (물론 '기본'과 '본질'에 대한 정의가 사람마다 다르겠지만.)

이치가 이렇게 간단함에도 사람들은 지금도 물어온다.

"우리 아이가 영재일까요?"

나는 농담으로 되묻는다.

"아이 이름이 뭐죠?"

"아무개인데요."

"에이, 그럼 영재가 아니잖아요? 이름부터 영재로 바꾸세요."

자기 아이가 어디에 내놓아도 영재 소리를 듣고 싶은 사람은 우선 아이의 이름을 '영재'라고 지으면 된다. (아예 '천재'라고 지으면 너무 속이 들여다 보이니까.) 그럼 우리나라에서는 어딜 가도 영재 소리를 들을 것이다.

이런 썰렁한 궤변은 빨리 잊어버리고 가장 근본적인 질문으로 돌아가보자. 자기 아이가 영재면 어떻고 영재가 아니면 어떤가? 중요한 것은 아이가 자기의 하루하루를 좋아하고 즐기는 것이 아닌가?

머리가 좋아지는 게임

수학자들 중에는 바둑이나 체스를 좋아하는 사람들이 많다. 실제로 일부 수학자들의 바둑이나 체스 실력은 프로 수준에 육박한다. 프랑스 수학자 중에는 국가대표 바둑 선수로 활약한 사람도 있다. 어떤 수학자는 바둑을 전문 분야로 연구하기도 한다. 나는 '잡기'(?)에 대해서 극도의 증오심을 품고 있는 우리 아버지 때문에 바둑을 배울 기회가 없었지만 신문이나 잡지에 나오는 바둑 기사들은 아주 재미있게 읽는다. 얼마전에는 바둑을 어떻게 두는지도 모르면서 『고스트 바둑왕』이라는 만화에 흠뻑 빠져들기도 했다. 수학자들이 바둑이나 체스를 좋아하는 이유는 이런 게임들이 깊은 사고를 필요조건으로 하고, 게임의 룰을 정확히 지키면서도 다채로운 상상력을 요구하는 등 여러모로 수학과 비슷하기 때문인 것 같다.

한 가지 재미있는 사실은 수학자들이 공부하다가 휴식을 취하기 위해 이런 게임을 하는 경우가 많다는 것이다. 머리를 너무 많이 써서 골치가 아픈 사람들이 역시 머리를 많이 써야 하는 바둑이나 체스를 통해 휴식을 취한다는 것은 좀 이해가 안 간다. 하지만 수학이 아닌 다른 세계에 몰두하는 것이 제일 좋은 휴식이기 때문이라는 설명을 들은 적이 있다.

바둑이나 체스를 두면 수학적 머리가 좋아지는 것인지 수학적 머리가 좋은 사람이 그런 게임을 잘하는 것인지는 "닭이 먼저냐, 계란이 먼저냐?" 하는 질문처럼 답이 확실하지 않다. 그러나 (닭과 계란의 관계만큼 밀접하지는 않겠지만) 이들 사이에 높은 상관관계가 있는 것만은 사실이다. 이 글에서는 바둑이나 체스처럼 수학과 밀접한 관계가 있어서 내가 우리 아이들과 즐겨 했던 게임들을 소개하려고 한다. 적절히 활용하면 아이들에게 수학에 대한 흥미를 유발하고 친밀감을 느끼도록 할 수 있는 좋은 게임들이라고 생각한다.

조각그림 맞추기

'조각그림 맞추기'는 '십자말풀이'와 함께 '시간 죽이기'에 가장 효과적인 게임이다. 도대체 우리네 유한한 인생에 어디 '죽일' 시간이 있으랴만 비행기를 타고 갈 때처럼 그냥 멍하니 있어야 할 경우에는 역시 이런 게임을 하게 된다. 특히 정형외과 병원에 장기간 입원한 환자에게는 이 게임이 제일 좋은 선물이다. (다른 병으로 입원한 환자에게는 나쁠 수도 있으니까 반드시 의사와 상담한 후에 선물을 하는 것이 좋다.)

우리 아들 녀석은 만 두 돌이 됐을 때부터 조각그림 맞추기를 하며 놀았다. 나는 이 게임으로 말미암아 우리 아이가 수학을 좋아하게 됐다고 감히 주장한다. 도중에 아빠의 과욕으로 잠시 일이 틀어지기도 했지만, 아들 녀석은 조각그림 맞추기와 함께 자라났다고 해도 과언이 아니다. 아들 녀석뿐 아니라 딸아이도 조각그림 맞추기를 좋아한다. 지금도 가끔씩 온 가족이 둘러앉아 조각그림 맞추기를 하는데 요즘엔 내가 제일 못하는 것 같아 자존심이 좀 상한다.

조각그림 맞추기는 수학뿐 아니라 모든 학문의 본질이다. 인간과 자연의 신비를 이해하는 과정이 거대한 조각그림 맞추기에 다름아니기 때문이다. 이 게임의 유일한 결점은 500조각 이상이 되면 게임의 본질이 '수학적인' 것에서 '은근과 끈기 테스트' 비슷한 것으로 변해버린다는 것이다.

동물 주사위 놀이

'동물 주사위'는 우리 가족이 미국 노스캐롤라이나에 살던 시절 한국을 방문하는 길에 비행기에서 어린이용 선물로 받은 것이다. 이건 코끼리, 원숭이, 닭 같은 동물 여섯 마리가 정육면체를 이룬 주사위인데 (그러니까 눈이 숫자가 아니라 동물이었다) 그 모양이 조금(!) 복잡해서 제대로 맞추기가 쉽지 않았다. 아내는 이걸 받자마자 3분 정도 걸려 금방 풀었는데 나는 3시간도 넘게 걸려 겨우 맞추는 바람에 수학자의 체면이 적잖이 손상되고 말았다. 나보다 조금(!) 먼저 풀었다고 옆에서 힌트를 주겠다고 설치는 아내에게 "가만히 있어! 조용히 해!"를 외치던 기억이 난다.

그때 아들 녀석은 겨우 만 두 살 반이었으므로 도무지 뭐가 어떻게 돌아가는지 몰랐을 것이다. 그저 "이게 뭐냐?"고 물으면 "원숭이!"라고 맞히는 수준이었다. 그런데 노스캐롤라이나의 집에 돌아와보니 이 녀석이 이걸 척척 맞춰대는 것이었다. 반가운 마음에 비밀을 알아보니 이 녀석이 그동안 완전한 형태의 동물 주사위를 그대로 펼쳤다가 다시 맞추는 것을 반복해서 전개도를 완전히 외워버린 것이었다. 사정이야 어찌됐든 동네 어른들도 쩔쩔매는 동물 주사위 맞추기를 쬐끄만 아들 녀석이 척척 해내는 것을 보는 일은 흐뭇하고 즐거운 일이었다.

커넥트 포 게임

우리 아이가 만 다섯 살일 때 우리는 '커넥트 포(Connect Four)'라는 게임을 즐겨 했다. 이 게임은 [그림 1]과 같은 틀을 세워놓고 거기에 (지름이 작은) 빨간 원판과 검은 원판을 번갈아 집어넣어 누가 먼저 네 개의 원판을 나란히 늘어놓을 수 있는가를 겨루는 게임이다. 그러니까 '오목(五目)'이 아니라 '사목(四目)'이라고 할 수 있다. 그러나 오목이 평면적인 게임이라면 '커넥트 포'는 입체적인 게임이라는 사실이 근본적인 차이점이다. 그러니까 밑에 받쳐주는 원판이 있느냐 없느냐가 아주 중요한데, 어떤 경우에는 다른 데에 놓을 곳이 없어서 울며 겨자 먹기로 상대방의 밑돌이 되어야 하는 경우도 생긴다.

아들 녀석과 나는 잠자리에 들기 전에 5판 3승제의 짜릿한 승부를 겨루곤 했다. 처음엔 물론 어느 정도 승부를 조작했다. 가끔씩은 내가 이겨버리기도 했지만 그보다 많은 경우 아슬아슬하게 져주곤 했다. 그래야 아이가 게임에 대한 흥미를 유지할 수 있기 때문이다. 그런데 어느 정도 시간이 지나자 그게 그만 진짜 실력 차이가 돼버리고 말았다. "이번엔 한번 이겨봐야지" 하고 마음을 가다듬고 덤벼

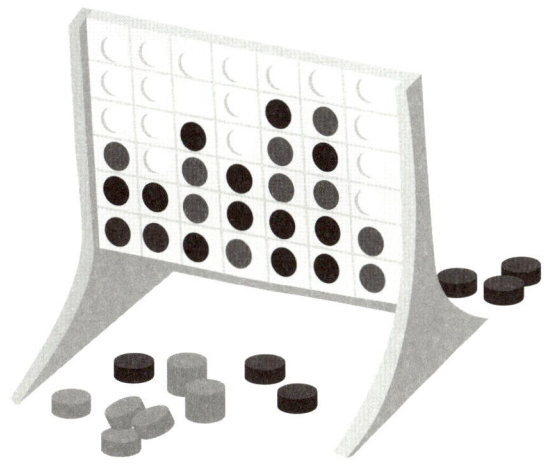

[그림 1] 커넥트 포 게임

들어도 언제나 게임 스코어는 3대 2, 근소한 차이로 승리를 내줘야 했다.

나는 아무리 작은 승부라도 이겨버릇하는 게 중요하다고 생각한다. 물론 정정당당히 승부를 겨루고 그 결과를 깨끗이 받아들일 줄 아는 것은 너무나 중요하다. 우리는 주위에서 아주 사소한 승부에 연연하여 저열하고 지저분한 모습을 보이는 경우를 흔히 발견할 수 있다. 나는 물론이거니와 내 자식이 그렇게 유치한 인간이 되는 것은 참을 수가 없다. 그러나 지는 게 버릇이 되는 것 또한 그에 못지않게 불행한 일이다. 지는 것에 지나치게 익숙한 사람은 포기하는 것이 너무 빠르다. 조금만 견디면 승리를 차지할 것 같은 순간에도 "아, 또 지나보다" 하고 승부를 쉽게 포기해버린다. 이런 태도로는 아무리 작은 것도 이룰 수가 없다. 반면에 이기는 게 버릇이 된 사람은 웬만해서는 승부를 포기하는 법이 없다. 아니, 이미 승부가 가려진 듯한 경우에도 '지는 것을 거부하고' 끝까지 최선을 다한다. 나는 우리 아들 녀석이 그런 강인한 승부 근성을 갖기를 바랐다. 그러므로 이런 시시한 승부나마 기를 쓰고 이기려 하는 것이 기특하기까지 했다.

그러던 어느 날 저녁, 내가 그만 어이없는 실수를 거듭하여 게임 스코어 2대 0으로 몰리고 말았다. 그때 아들 녀석이 걱정스러운 얼굴로 물어왔다.

"아빠, 괜찮아요? 잘해봐요."

아니, 이런 건방진 녀석. 감히 아빠를 위로하려 들다니. 나는 마치 지금까지는 봐주었던 것처럼 거만한 태도로 다시 한번 도전했으나 마지막 게임까지 쉽게 내주며 그만 3대 0으로 완패하고 말았다.

세월이 흘러 지금은 나보다 훨씬 더 덩치가 커진 녀석이지만 도대체 아빠의 마음 같은 건 전혀 헤아릴 줄 모르는 것 같다. 그래도 다섯 살 때 '커넥트 포' 게임을 하며 아빠의 마음이 아플까봐 신경을 써주던 그 따뜻한 마음이 언젠가는 돌아오겠지…… 아멘.

매직 믹스(유대인 숫자 놀이)

이 게임의 이름을 알고 싶어 한참 동안 인터넷을 뒤졌더니 '매직 믹스(Magic Mix)'라고 나와 있다. 어느 잡지에서 이스라엘 대사의 인터뷰 기사를 읽은 적이 있는데, 유대인 어머니들이 아이들에게 이 게임을 적극 권장한다고 한다. 이것 역시 아들 녀석이 초등학교 2학년 여름방학 때 나와 함께 미국 여행을 가는 길에 비행기에서 선물로 받은 것이다. 게임의 도구는 [그림 2]처럼 생긴 주사위 일곱

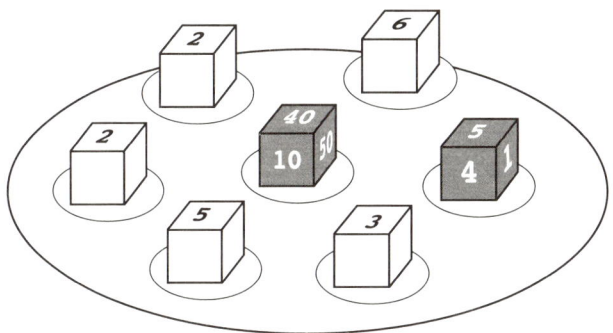

〔그림 2〕 유대인 숫자 놀이

개이다. 가운데 원에는 10부터 60까지의 숫자가 쓰여 있는 주사위가 들어 있고, 주위에 있는 여섯 개의 원에는 1부터 6까지의 숫자가 쓰여 있는 주사위가 들어 있다. 가운데 주사위와, 주위의 주사위 중 하나는 검은색이고 숫자는 하얀색이다. 나머지 다섯 개의 주사위는 하얀색이고 숫자는 검은색이다.

 게임의 요령은 다음과 같다. 먼저 '매직 믹스'를 흔들었다가 내려놓으면 검은 주사위 두 개가 두 자리 자연수를 만들어낼 것이다(〔그림 2〕의 경우 40 + 5 = 45). 게임 참가자는 나머지 다섯 개의 하얀 주사위에 있는 숫자들(〔그림 2〕의 경우 2, 2, 3, 5, 6)을 적절히 조합하여 이 두 자리 숫자를 (다른 사람보다 빨리) 만들어내야 한다. 〔그림 2〕의 경우 (2 + 6) × 5 + 2 + 3 = 45 가 하나의 풀이가 될 수 있다. 물론 정답은 여러 가지가 있을 수 있다. 연습 삼아 〔그림 2〕의 다른 풀이를 찾아보는 것도 정신 건강에 좋을 것이다.

 눈치가 빠른 사람은 알겠지만 이건 반드시 도구가 있어야 할 수 있는 게임은 아니다. 그냥 그림을 그려놓고 빈 칸에 아무 숫자나 적어놓은 뒤 게임을 할 수도 있다. 다양한 문제가 나올 수 있으므로 그만큼 다양한 풀이가 나올 수 있고, 어떤 경우에는 풀이를 찾아내기가 너무 어려워서 풀이가 아예 없는 게 아닐까 의심하게 될 때도 있다. 또한 게임에 참가하는 사람들의 수준에 따라 거듭제곱과 계승, 제곱근, 지수와 로그 등의 조합을 허용하여 상당히 고차원적인 문제로 바꾸어 즐길 수도 있다. 그야말로 남녀노소 모두에게 '강추'!!!

스크래블 게임

'스크래블 게임(Scrabble Game)'은 정사각형 모양의 보드 위에 알파벳을 가로 세로로 늘어놓아 영어 단어를 만들어가는 게임이다. 보드는 모눈종이처럼 작은 정사각형들로 나뉘어 있으며 그 칸 하나하나에 알파벳을 놓을 수 있게 돼 있다. 보통 네 사람이 게임을 하는데, 알파벳 글자들을 담아놓은 주머니에서 각자 일곱 개씩을 가지고 와서 게임을 시작하고, 단어 하나를 만드는데 자신이 사용한 만큼의 글자를 다시 주머니에서 꺼내와 다음 차례에 대비를 한다.

이 게임의 본질은 지극히 수학적이다. 단어를 하나 만들어 점수를 얻어내는 과정이 상당히 복잡하기 때문이다. 알파벳 하나하나에 점수가 있고 (A와 E는 1점, K는 5점, J와 Q는 8점, Z는 10점 등), 작은 네모 칸에도 "글자 하나의 점수를 두 배 하라"든가 "단어 전체의 점수를 세 배 하라" 따위의 지시가 쓰여 있다. 따라서 주어진 알파벳으로 어떻게 하면 가장 높은 점수를 얻을 수 있을지를 깊이 생각해서 찾아내야 한다. 거창하게 말하자면 '최대, 최소의 문제'가 되는 것이다. 이건 수학에서 가장 중요한 문제 중의 하나가 아닌가.

사실 '스크래블 게임'은 영어 실력 향상에는 오히려 방해가 될지도 모른다. 이 게임에서 가장 유용하게 쓰이는 단어는 실생활에서 많이 쓰이는 단어가 아니라 점수를 많이 낼 수 있는 단어(예: quiz, jaw, zax 등)이기 때문이다. (그것도 적절한 칸에 놓아야 점수를 두 배, 세 배 많이 받을 수 있다.)

위에서 소개한 게임 말고도 '소코밴(Sokoban)', '지뢰 찾기(Mine Sweeper)', '테트리스(Tetris)' 등 지극히 수학적인 게임들이 많이 있다. 그런데 명심할 것이 있다. 이런 게임을 소개하는 목적은 오로지 아이들이 수학을 좋아하고 더 잘하게 하기 위해서이다. 본래의 목적은 잊어버리고 수학 공부보다 게임에 더 열중하는 일이 있어서는 안 된다. 절대로(!) 안 된다. (느낌표까지 찍으며 절규해봐야 아무런 소용없는 공허한 메아리라는 것쯤은 나도 이미 알고 있다.)

잘났쇼~~~!!

우리 아이가 중학교 1학년이 되었을 때의 얘기다. 어느새 훌쩍 커버린 키, 조금씩 검게 솟아나는 콧수염 등을 보며 나는 대견함과 상실감을 동시에 느꼈다. 그러다가 꽃피는 4월이 왔다. 소풍을 간다 어쩐다 즐겁게 생활하는 것 같더니 이제 중간고사를 치른단다. 나는 생각했다. 이제 드디어 때가 왔다. 녀석에게 '진짜 공부'가 무엇인지, 극기란 무엇이며 절제란 무엇인지, 승부란 무엇이며 경쟁이란 무엇인지를 가르쳐야 할 때가 왔다고 느낀 것이다.

내가 맨 처음 시작한 일은 아이가 시험 공부를 할 수 있는 준비를 갖추는 일이었다. 그런데 이게 웬일인가? 도대체 아무런 준비가 되어 있지 않은 것이었다. 중학생 수준에서 중간고사 준비란 간단한 것이다. 우선 교과서와 선생님이 가르친 내용이 잘 정리된 노트가 있어야 한다. 그 다음엔 (출제하는 선생님에 따라 다르지만) 교과서를 중심으로 내용 정리가 잘 되어 있고 적절한 문제 풀이 연습을 할 수 있는 참고서가 있어야 한다.

그런데 우리 아이는 노트도 부실해 보였지만 어찌 된 영문인지 참고서가 한 권도 없었다. 이런 건 학기 초에 공부 잘하는 아이들과 정보를 교환한 후, 직접 서점에 가서 자기가 볼 때에도 납득할 만한 것으로 사놓았어야 한다. 생각해보라. 우리가 어렸을 때 완전정복, 뉴 스터디북 등 얼마나 많은 참고서에 밑줄을 그어대며 공부했었는지를.

나는 매우 답답하고 화가 났지만 한편으로는 내가 이 세상에 존재해야 하는 필연적인 의미를 절실히 느끼며 서점으로 갔다. 어렸을 때 공부를 아주 잘했던 사람의 비상한 안목으로 사랑하는 아들을 위한 참고서를 고르고 있는데 웬 여인이 자꾸 딴지를 건다. (나는 딴지 거는 사람이 제일 싫다.) 다 읽어보지도 않고 풀어보지도 않을 걸 뭣 하러 그렇게 많이 사느냐는 것이다. (이분은 우리 집 종손의 생모인 것이 확실하지만 때때로 혹시 계모가 아닐까 의심이 갈 때도 있다.) 권력의 중심에서 밀려나 있던 나는 할 수 없이 아이가 '초절정 고수'가 되기 위해서는 꼭 필요한 참고서 몇 권을 빠뜨린 채 '그저 고수'가 될 만한 것만 골라서 집으로 돌아왔다.

집으로 돌아온 나는 아이에게 공부하는 요령을 설명하기 시작했다. 우선 국어와 수학과 영어는 평소에 어느 정도 기본 실력이 쌓여 있어야 하며, 시험 보기 오래전부터 틈틈이 준비를 해놓아야 한다. 시험이 다가왔을 때에는 이미 알고 있는 내용을 확실히 복습하고 혹시 아주 생소한 문제가 나올지도 모르니까 만일에 대비하는 심정으로 문제집을 한번 풀어봐야 한다.

과학 과목은 뭐 평소에 그렇게 아주 열심히 해놓을 필요는 없겠지만 수업 시간에는 확실히 이해해놓고 있어야 한다. 한꺼번에 벼락치기로 이해하기에는 내용이 너무 어렵기 때문이다. 미안한 얘기지만 암기 과목은 수업 시간에만 잘 듣고 있으면 된다. 별로 이해하기 어려운 내용도 없고 설사 잘 모르는 채 그냥 넘어가더라도 시험 전에 한번 읽어보면 대부분 이해할 수 있다.

자, 그럼 시험 공부를 시작해보자. 우선 교과서를 두 번 읽고 선생님 노트를 두 번 읽은 후 참고서를 두 번 읽어라. 혹시 그것들의 내용이 상반되면 선생님 노트 → 교과서 → 참고서순으로 믿도록 해라. 물론 이론적으로는 교과서 → 선생님 노트 → 참고서순으로 하는 것이 올바른 얘기겠지만, 실제로는 나중에 '법정에 설 일이 생길 경우' 나는 선생님의 노트에 나온 대로 썼을 뿐이라고 소명할 수가 있다.

그 다음엔 참고서에 나온 문제를 풀어보라. 이때 주의할 점은 문제지에 답을 표시하지 말고 다른 종이에 표시한 뒤 해답과 대조해 봐야 한다는 것이다. 당연히 틀린 문제가 여럿 나올 텐데 그때는 해당 내용을 교과서, 노트, 참고서에서 확인한 후 문제집의 문제를 전부 다시 한번 풀어본다. 만일 문제집의 답에 동그라미를 쳐놓았다면 두번째 푸는 것이 그저 암기가 되고 만다. 정말 자기 실력을 테스트하고 싶으면 문제집에 답을 표시하면 안 된다.

이렇게 피가 되고 살이 되는 이야기를 하고 있는데 녀석의 표정을 보니 뭔가 지루해하고 동의하지 않는 듯한 기색이 역력했다. 그래도 이 중요한 순간에 진리를 전파하는 복음 말씀을 전달하는 과정을 멈출 수는 없으므로 나는 꿋꿋이 이어갔다. 만일 중간고사 기간이 사흘이라면 약 일주일 전에 시험 공부를 시작하는 게 좋다. 너무 일찍 하면 다 잊어버린다. (물론 나는 시험 전날까지는 공부를 하지 않았다. 공부하기도 싫었지만, 시험을 여러 날이나 앞두고 공부를 시작한다는 것은 자존심 상하는 일이라고 생각하던 철없는 시절이 있었다.) 우선은 시험 보는 날짜별로 공부하기 제일 어려운 것들을 골라 미리 공부를 한다. 다른 것들은 최악의 경우 그 전날 벼락치기를 하면 된다……

이렇게 중간고사 대비를 위한 오묘한 비책을 쏟아놓고 있으려니 우리집 종손의 엄마 되는 사람 가라사대, 그런 요령을 학창 시절에 미리 알았더라면 자기가 나보다 훨씬 더 공부를 잘했을 거란다. 그런데 그때 우리 아이가 진지한 얼굴로 물어왔다.

"아빠, 꼭 그렇게 치사하게(!!) 공부를 해야 돼요?"

결정적인 한 방에 그로기 상태에 빠져버린 나는 "그럼 니가 알아서 해라!" 하고 삐친 소리를 내며 방으로 들어가버렸다.

드디어 시험 전날이 되었다. 녀석의 노는 꼴을 보아 하니 열심히 TV만 보고 있다. 아니, 내일이 시험인 녀석이 지금 TV를 보고 있으면 어찌할 것인가. 할 수 없이 참견을 했다.

"너 공부 다 했어?"

녀석의 대답이 돌아왔다.

"네, 다 했어요."

나는 이런 식으로 얘기하는 거 정말 싫어하지만 우리 땐 정말 이런 반응을 보인 적이 없다. 아무리 천재라도 어떻게 시험 공부를 다 할 수가 있겠는가? 시험 공부를 다 했다는 것은 이제 그 시험에 만점을 맞을 준비가 되어 있다는 뜻이다. 그런데 심리 상태가 기상천외한 선생님들이 요상한 문세집을 베껴 거기서 한 번 더 비비꼬아 내는 문제들을 어떻게 다 맞혀서 만점을 받는단 말인가? 나는 "야, 이 시건방진 놈아!" 하고 야단을 치고 싶었지만 초인적인 자제력을 발휘하여 마음을 달랬다. 그래, 꼭 1등을 해야 하는 거 아니잖아? 마음의 여유를 갖는 게 좋지. 그래서 나는 다음과 같이 부드럽게 말하며 마무리를 지었다.

"그래도 한 번만 더 정리를 하렴."

물론 속으로는 "설마, 2등은 하겠지" 하는 마음이 있었다.

사건은 그 다음 날 일어났다. 학교에 출근한 후 불안과 초조감에 사로잡혀 전전긍긍하던 내가 점심 시간이 지나자마자 집으로 전화를 한 것이다.

"너 오늘 시험 잘 봤니?"

"음…… 그냥 그래요."

뭔가 불안한 느낌이 든 나는 동네 아줌마들이나 하는 유치찬란한 질문을 해댔다.

"100점 맞은 거 몇 갠데?"

"없어요."

그 소리가 내겐 천둥소리처럼 들렸다. 눈앞이 아득했다. 그날 녀석은 사회를 비롯하여 세 과목의 시험을 보았다. 나는 좀더 파고들었다.

"사회는 몇 개나 틀렸는데?"

"열한 갠가?"

순간 나는 이성을 잃었다.

"뭐? 열한 개? 어떻게 그럴 수가 있어?"(내가 얼마나 크게 소리를 질렀는지 글로 나타낼 수 없어서 답답하다.)

"우리 반 애들 다 그래요?"

"아니, 너희 반엔 다 맞거나 한두 개만 틀린 애 없어?"

"있어요."

"그런데 넌 왜 그렇게 많이 틀려?"

"두세 명 빼면 다 그렇다니까요?"

그게 바로 초점이다. 내 말은 어찌하여 네 녀석이 소수에 속하지 않고 다수에 속하느냐는 거다. 그러나 그 순간 강의를 하러 갈 시간이 됐으므로 내일 시험은 정말 잘 봐야 한다고 윽박지르고 전화를 끊었다.

누구나 자기가 이런 유치한 부모가 되는 건 견디기 어렵다. 오후 내내 흥분을 가라앉힌 나는 일찍 (그러니까 보통 때보다 일찍……) 퇴근하여 아이와 조용히 얘기를 했다. 시험 문제를 직접 들여다본 것은 물론이다. 솔직히 그중의 서너 개는 매우 애매했다. 그래도 열한 개씩이나 틀린 것은 용납할 수가 없었다. 나는 조용히 얘기하는 건 포기하고 훈계를 늘어놓기 시작했다. 나도 "아빠가 어렸을 때는 말이야"로 시작하는 잔소리를 아이들이 제일 싫어한다는 것쯤은 잘 알고 있었다. 하지만 그러지 않으려고하면 할수록 이상하게도 자꾸만 그런 방향으로 말투가 흘러갔다.

"아빠는 중학교 다닐 때 (비록 축구반 수준이었지만) 축구부 생활을 하면서도 그렇게 많이 틀려본 적이 없다. 너는 어떻게 아빠가 전 과목에서 틀린 것보다 훨씬(?) 더 많이 한 과목에서 틀릴 수가 있니? 응? 아니, 도대체 어떻게 그럴 수가 있니?"

나는 집안이 떠나가도록 일장 훈시를 한 뒤 이쯤 했으면 녀석도 깊이 반성했겠지 하고 돌아섰다. 그때 녀석이 담요를 푹 뒤집어쓰며 무겁게 내뱉었다. (아주 나직한 소리였지만 나는 분명히 들었다.)

"잘났쇼~~~!!"

에필로그 그 순간 나부터 웃음이 터져나와 무슨 말을 해야 할지 알 수가 없었다. 어쨌든 아빠에게 "잘났쇼"라는 말을 함부로 하는 놈이 제대로 된 인간이 될 리는 없으므로 시간이 지난 후 조용히 따로 불러 아빠에게 그런 생각, 그런 말을 해서는 안 되는 법이라고 타일렀다. 그래서 그 문제는 해결된 것 같다. (다시 내게 그런 적이 없으니까.) 그런데 다른 문제는 도대체 어떻게 해야 하나?

치사한 용왕

모두들 학창 시절에 배운 『별주부전』이란 고전소설을 기억할 것이다. 이 소설의 내용은 좀 웃긴다. 옛날 옛적 어느 날 용왕이 위중한 병에 걸렸는데 백약이 무효인지라 온 용궁이 깊은 시름에 잠겨 있었다. 곤경에 빠진 주치의는 "토끼의 간이 특효약"이라는 황당무계한 처방을 내놓는다. 용왕은 지푸라기라도 잡는 심정으로 누가 가서 토끼의 간을 구해오라고 난리를 치고, 충성심에 불타는 문어와 별주부(자라)가 서로 물 위로 올라가 토끼를 잡아오겠다고 우김질을 한다. 나는 "네 이놈 문어야! 네 아무리 기골이 장대하고 위풍이 약간 있다 하나……" 이렇게 이어지는 자라의 장광설을 기억하고 있다. 그때 문득 "무슨 뼈대 없는 집안 자랑이냐?" 하는 생각이 들어 혼자 킥킥대고 웃다가 선생님께 혼난 적이 있다.

'기골이 장대한' 문어 장군의 무대뽀 대시를 장황한 언변으로 제

압한 별주부는 달랑 사진 한 장을 들고 토끼를 찾아 물 위로 올라온다. 토끼는 용궁이 부귀와 영화가 보장된 지상 천국, 아니, 해저 천국이라는 별주부의 감언이설에 넘어가 용궁으로 따라간다. 그런데 기다리고 있는 것은 기대와 달리 싸늘한 도축장이 아닌가. 토끼는 순간 당황했지만 곧 냉정함을 되찾고 침착하게 대응한다. 아니, 이게 무슨 일이야? 아, 내 간이 필요해? 물론 기꺼이 내드리지. 그런데 이걸 어쩌나? 하필이면 여기 오기 직전에 간을 꺼내어 청록담수에 씻은 뒤 말리고 있었는데? 어머나, 정말 이걸 어쩌나? 빨리 가서 가져와야겠네?

용왕은 한심하게도 토끼의 잔꾀에 넘어가 별주부에게 빨리 토끼랑 같이 돌아가서 토끼의 간을 가지고 오라고 명한다. 별주부의 등을 타고 뭍으로 돌아온 토끼는 "세상에 제 간을 빼놓고 다니는 놈이 어디 있느냐?"고 별주부를 놀리며 도망을 간다. 절박한 위기 상황을 순간적인 기지로 모면한 것이다. (아니, 그런데 별주부는 너무 캐릭터에 일관성이 없는 것 아냐? 청산유수 '구라의 대가'가 그런 어이없는 거짓말에 홀딱 넘어가다니……)

어쨌든 바로 이 『별주부전』이 우리 아들 녀석이 중학생일 때 중간고사 문제로 나왔다. "다음 중 용왕의 성격으로 맞지 않는 것은?" 이게 문제였다. 녀석이 골라야 할 정답은 다음 네 개 중 하나였다.

1) 어리숙하다.
2) 고지식하다.
3) 치사하다.
4) 세상 물정을 모른다.

우리 아이가 고른 답은 2번 '고지식하다'였다. 나는 어이가 없어서 녀석에게 물었다.

"용왕의 성격이 고지식한 거 아니냐?"

"아니, 어리숙한 사람이 어떻게 고지식할 수가 있어요?"

"왜? 그렇게 볼 수도 있지."

"세상 물정을 모르는 사람이 어떻게 고지식할 수가 있어요?"

"글쎄. 그게 비슷한 뜻 아니냐?"

"아니, 그게 어떻게 비슷해요?"

순간 뭔가 수상하다는 느낌이 든 내가 머뭇거리며 대답했다.

"음, 그러니까 고지식한 사람을 어떻게 보면 어리숙하다고 할 수도 있고, 또 어떻게 보면 세상 물정을 모른다고도 할 수 있는 것 아닐까?"

"아니, 고지식하다는 게 무슨 뜻인데요?"

"그게 그러니까 매사를 곧이곧대로 그저 자기가 아는 범위 내에서만 생각하고 자기가 하던 대로만 하려는 걸 말하는 거 아냐?"

(뒤늦게 국어사전을 찾아봤더니 "성질이 외곬으로 곧아 융통성이 없다"라고 나와 있었다.)

그러자 녀석이 갑자기 배를 잡고 침대 위를 대굴대굴 구르기 시작했다. 한참을 깔깔대고 웃던 녀석이 겨우 호흡을 가다듬고 대답한다.

"저는 그게 '지식이 높다'는 뜻인 줄 알았어요."

이쯤 되면 한심하다는 표현으로는 부족하다. 벌써 중학생 아닌가? 그래도 포기하지 못한 내가 다시 물었다.

"네 말대로라면 용왕의 성격이 치사하다는 얘기인데 그럼 너는

치사한 용왕

어째서 용왕의 성격이 치사하다는 거냐?"

"아니, 자기 병을 고치려고 남의 간을 빼먹겠다는 사람이 치사하지 않아요?"

듣고 보니 그 말도 맞는 것 같았다. 그럼 이 문제에는 답이 없는 거네? 이런 건 다 맞게 해줘야 하는 것 아닌가? 나는 별 수 없이 억지를 썼다.

"용왕은 사람이 아니잖아?"

그런데 이건 그냥 웃고 넘길 일이 아니다. 사람들은 흔히 이과를 전공하는 학생들은 국어를 잘 못해도 된다고 생각한다. 마찬가지 이유로(?) 문과를 전공하는 학생들은 수학을 못해도 된다고 생각한다. 그렇지만 아이들이 어떤 수학 문제를 풀지 못하겠다고 말하는 경우(특히 문장제의 경우)를 자세히 살펴보면 아예 문제 자체를 이해하지 못하는 경우가 대부분이다. 그러니까 많은 경우 수학 실력이 문제가 아니라 국어 실력이 문제라는 얘기다. 일단 문제를 확실히 이해하기만 하면 많은 경우 '저절로 나타난다'고 느껴질 만큼 자연스럽게 해결 방법이 떠오르게 마련이다. (물론 문제를 확실히 이해한 뒤에도 도저히 풀 수 없는 문제들 역시 무수히 많다.) 또 수학 문제에 대한 풀이를 생각하는 과정 역시 '언어적 과정'이 적어도 반은 차지한다. '생각하는 과정'에서 '언어적 과정'을 분리해내는 것은 매우 어렵기 때문이다. (외국어를 익힐 때 '그 나라 언어로 생각하라'고 조언하는 걸 보라.) 그리고 그렇게 찾아낸 풀이를 정리해서 설명하는 것은 물론 반 이상이 '언어적 과정'이다. 그러니까 수학 문제를 이해하고 풀이를 생각하고 그걸 정리하는 과정에서 '언어적 과정'과 '수학적 과정'을 분리해내는 것은 매우 어려우며, 사정이 그런만큼 '수학 실력'에서 '국어 실력'이 차지하는 비중이 크다는 얘기다.

　여기까지는 물론 고교 국어 교육 과정에 나오는 분류로 따지면 '비문학'의 영역에 속하는 국어 실력에 대한 얘기다. 그렇다면 '문학'의 영역에 속하는 국어 실력은 수학 실력과 상관이 없는 걸까? 나는 그렇지 않다고 생각한다. '수학적 사고'를 구성하는 가장 중요한 요소는 '논리적 엄밀함'과 '자유로운 상상력'이다. 보통 어렵다고 하는 수학 문제들은 그냥 기계적으로 계산만 해서는 도저히 풀 수가 없다. 그 문제의 논리적 구조를 확실하게 파악하는 것과 함께 문제를 바라보는 거리와 각도를 다양하게 조절하는 '생각의 자유로움'이 필요하다. 그런데 이러한 생각의 자유로움은 수학 공부를 하면서 직접 길러지는 경우도 많지만, 문학작품을 감상하며 얻어지는 경우도 많다. 특히 새로운 정리를 만들어내야 하는 직업 수학자에게는 그런 종류의 '예술적 영감'은 거의 필수적이다. 그러니까 '수학 실력'을 키우기 위해서는 '문학'의 영역에 속하는 국어 실력 역시 중요하다는 결론을 내릴 수 있다.

　사태가 이렇게 분명함에도 우리 아들 녀석은 '고지식하다'는 얘기가 '지식이 높다'는 걸로 알고 있었다니…… 앞으로 가야 할 길이 너무나 먼 것만 같았다.

구구단과 공식

딸아이가 초등학교 2학년 때의 일이다. 딸아이의 수학 실력이 궁금해서 구구단을 외워보라고 했더니 황당한 대답이 돌아왔다.

"선생님이 그런 거 외울 필요 없다고 했는데?"

"뭐야? 자기가 못 외우니까 선생님 핑계 대는 거 아냐?"

"정말이야. 선생님이 수학은 원리를 이해하는 과목이니까 구구단 같은 건 외울 필요 없다고 했단 말이야."

지극히 옳은 말씀이다. 수학은 원리를 이해하는 과목이다. 원리는 이해하지 못한 채 기계적으로 구구단을 암기해봐야 친지들이 모여 있을 때 "얘가 글쎄 구구단을 다 외워요~~" 하고 호들갑을 떨며 자랑하는 것 이외에는 아무짝에도 쓸모가 없을 것이다. (하긴 부모들에게는 어쩌면 그게 가장 큰 쓸모일지도 모르지만……) 그럼 구구단의 원리는 무엇일까? 물론 그건 덧셈을 되풀이하는 것이다. 예를 들어

$3 \times 1 = 3$, $3 \times 2 = 3 + 3 = 6$, $3 \times 3 = 3 + 3 + 3 = 9$, …

이렇게 3을 계속 더해나가는 것이 구구단 3단이다. 그러니까

$3 \times 4 = 9 + 3 = 12$, $3 \times 5 = 12 + 3 = 15$, …

이런 식으로 3씩 더해나가면 구구단을 굳이 외우지 않아도 필요한 답을 다 알아낼 수가 있다. 그러니까 구구단은 외울 필요가 없다? 그럼 누가 3×8 이 뭐냐고 물어보면 $3 \times 1 = 3$부터 시작해서 3을 여덟 번 더해야겠네? 아니, 그럼 53×8 같은 계산은 어떻게 할 셈일까? 3도 여덟 번 더하고 50도 여덟 번 더하고…… 그러면 되나?

구구단뿐만 아니라 다른 수학 공식도 마찬가지다. 공식이 생겨난 원리, 그걸 적용하는 원리를 이해하지 않고 기계적으로 공식을 외워야 잘 외워지지도 않을뿐더러 정작 문제를 풀 때에는 아무런 도움이 되질 않는다. 공식 따로 문제 따로 노는데 어떻게 제대로 풀겠는가? 그렇지만 일단 원리를 이해한 다음에 공식을 잊어버리면 문제가 잘 풀리나? 당연히 별 도움이 되질 않는다. 대부분의 경우 "아, 이거 푸는 공식이 있었는데……" 이러다가 말 것이다. 물론 수학적 재능이 뛰어난 경우에는 문제를 푸는 데 필요한 공식을 (기억을 더듬어!) 스스로 유도할 수도 있을 것이다. 그러나 다들 경험으로 알고 있듯이 모든 문제를 그런 식으로 풀다가는 시험에 나온 문제의 반도 풀지 못한다. 그러니까 구구단이나 '중요한 기본 공식' 들을

외울 필요가 있는 것이다.

나도 수학 공식은 무조건 기계적으로 외우는 게 아니라고 생각한다. 또 그렇게 해봐야 잘 외워지지도 않는다. 중학교 시절 부등식과 관련하여 "마곱나는 부이하고!(=마이너스로 곱하거나 나누면 부등식의 방향이 달라지고)"를 설파하는 황당무계한 학원 선생님을 보고 기절할 뻔한 적도 있고, 고등학교 시절 삼각함수에 관련된 공식을 외운다고 무슨 응원 구호처럼 "씬프씬은 투씬코!($\rightarrow \sin A + \sin B = 2 \sin \frac{(A+B)}{2} \cos \frac{(A-B)}{2}$)"를 외쳐대는 녀석들을 볼 때는 (물론 수학 선생님이 시킨 거라지만) 그야말로 "민천지심에 긔 아니 뜬디시리" 상태가 된 적도 있다. (음, 이 부분은 『용비어천가』를 참조하시라.) 생각해보라. 그런 황당무계한 구호를 외친다고 공식이 외워지겠는가?

그렇지만 공식을 유도하는 원리를 이해한다고 해서 저절로 공식이 외워지는 것도 아니다. 물론 원리를 알면 공식을 다시 만들어낼 수는 있다. (사실은 위에 쓴 삼각함수 공식도 다시 유도한 것이다. 좀더 진실을 고백하자면 위의 공식을 유도할 수 있었기 때문에 저 멍청한 구호가 기억이 난 것이다.) 그러나 공식을 외우는 것은 그것과는 또 다른 얘기다.

나는 '중요한 기본 공식'은 외우는 것이 아니라 '몸에 배어야 하는 것'이라고 주장한다. 그러니까 그냥 암기하는 게 아니라 몸에 밸 만큼 충분한 훈련을 하고, 몸에 밸 만큼 충분한 실전 경험을 쌓아야 한다는 뜻이다. 우리 한번 축구 경기의 페인팅 동작을 생각해보자. 페인팅의 원리는 간단하다. 상대방을 '속이는 것'이다. (바로 이 점 때문에 우리 어머니께서는 내가 축구하는 걸 그렇게 반대하셨다. 왜 하필이면 남을 속이는 운동을 하느냐고…… 이것 참……) 그러니까 내가 몸을 왼쪽으로 움직이면 상대방도 몸을 그쪽으로 움직일 것이다. 그런데 내가 먼저 몸을 움직이니까 상대방은 그 시간 차이를 커버하기 위해 내가 움직이는 것보다 더 많이 움직일 것이다. 따라서 내가 몸을 왼쪽으로 움직이는 (척하는) 동작을 아주 짧게 취한 다음 재빨리 몸을 반대로 움직여 볼을 오른발 아웃사이드로 치고 나간다면 상대방을 간단히 따돌릴 수 있다. 이게 페인팅의 '기본 원리'이다. 그리고 이렇게 몸을 왼쪽으로 조금 움직였다가(움직이는 척했다가) 반대로 재빨리 움직이며 오른발 아웃사이드로 볼을 치고 나가는 세 가지 연결 동작이 바로 페인팅의 '공식'이다. 그런데 축구 경기할 때 이런 원리를 이해하고 연결 동작을 외우고 나서 상대방에게 페인팅을 거는 사람이 어디 있겠는가? 경기중에는 그럴 시간이 없다. 그랬다가는 순식간에 상대방에게 볼을 빼앗길 것이다. 수학도 마찬가지다. 실전에서는 이것저것 생각할 시간이 부족하다. 따라서 중요한 수학 공식들은 원리를 이해하고 외우는 정도가 아니라 몸에 밸 정도가 되어 생각할 필요도 없이 온몸이 감각적으로 반응하게 해야 한다. (이런 걸 일컬어 '체득'한다고 한다. 사람들은 '단순 반복 훈련'은 무조건 아주 나쁜 것처럼 얘기하는데 '원리를 이해해야 하는' 과목인 그 잘난 수학에서도 '단순 반복 훈련'은 아주 중요하다.) 그래야 남은 시간을 문제가 도대체 무엇인지, 이걸 풀려면 어떤 과정을 거쳐야 할지 같은 본질적인 것을 생각하는 데 쓸 수 있는 것이다.

그런데 이 글을 읽는 사람들은 당연한 의문이 떠오를 것이다.

"아니, 이건 공식을 그냥 외우란 얘기보다 더 잔인한 얘기잖아? 수학책에 나오는 그 많은 공식들을 다 어떻게 원리를 이해하고 외우고 몸에 밸 만큼 훈련을 하란 말이야?"

그렇다. 그건 불가능한 일이다. 그러니까 모든 공식을 외우려 들지 말고 '중요한 기본 공식'만 그렇게 하자는 것이다. 예를 들어 '씬프씬은 투씬코'에 대응하는 공식은 외울 필요가 없다는 게 내 생각이다. 사인과 코사인, 그리고 탄젠트 함수의 '합의 공식'만 외우면 '씬프씬은 투씬코' 같은 공식은 쉽게 유도할 수 있기 때문이다. 문제는 어느 것이 '중요한 기본 공식'이며 어느 것이 '씬프씬은 투씬코'인지 구별하는 것인데, 이건 담당 수학 선생님께 여쭤보면 대부분 잘 가르쳐주신다. 물론 개중에는 자기도 못 외우면서 무조건 다 외우라고 하는 분들도 계시겠지만, 그때는 수학 선생님이 한 분만 계신 건 아니라는 사실을 활용하면 된다.

흔히들 복잡한 계산은 컴퓨터가 하고 인간은 창조적인 일에 전념하는 시대가 왔다고 한다. 그래도 간단한 계산은 인간이 하는 게 낫다. 물론 $389,867 \times 245,789$ 같은 걸 손으로 하는 건 바보 같은 짓이다. 그러나 3×5를 계산하기 위해 계산기를 꺼내 들어야 한다면 그건 '비극'을 넘어서 '참상'의 수준이다. 나는 차라리 웬만한 계산은 머리로 할 것을 권한다. 그게 너무 복잡해서 자꾸 실수를 하면 비로소 손으로 계산을 하고, 그것보다 더 복잡하고 어려운 계산은 계산기나 컴퓨터를 쓰는 것이 좋을 것이다. (그런데 사실은 그것보다 더 복잡한 계산, 그러니까 컴퓨터가 하기에도 너무나 복잡하고 미묘한 계산은 사람이 하는 수밖에 없다. 아니, 그게 더 좋다. 그래야 그 복잡한 계산 뒤에 있는 원리를 찾아낼 수가 있다.)

이렇게 나의 소신과 철학이 뚜렷하므로 우리 딸아이는 그 순간부터 구구단을 외워야 했다. 물론 사탕과 초콜릿을 동원한 '아부성 접근'에서 화장실에 곱셈 테이블을 붙여놓는 '고전적인 방법'까지 다양한 방법을 동원했다. 특히 제사를 지내러 할아버지 할머니 댁에 가는 날은 당연히 구구단 질의, 응답 시간을 가졌다. 지금이야 언제 어떻게 그걸 외웠는지 기억도 못하겠지만 만일 그때 그냥 내버려뒀다면 우리 아이는 아직도 고생하고 있을 것이다.

그런데 이번엔 아들 녀석이 글쎄 '근의 공식'을 쓰지 않고 근의 공식을 유도하는 과정을 그대로 써서 모든 2차 방정식 문제를 풀고 있는 것이 아닌가. 그러니까 일단 완전제곱식을 만들어 제곱항과 아닌 항을 분리하고 양 변의 제곱근을 구한 다음에 다시 x에 대해 풀어내는 과정을 모든 문제를 풀 때마다 반복하는 것이었다. 처음엔 뭐 원리에 충실한 건 좋은 거니까 하고 내버려뒀는데…… 어휴…… 나중엔 이를 두고 보기가 너무나 답답해서 결국 '스파르타식 훈련'을 실천하고야 말았다.

"이차방정식의 근의 공식 외울 거야, 안 외울 거야? 엉!!? 처음엔 인수분해, 그게 잘 안 되면 근의 공식, 이렇게 풀란 말이야!!"

사족 1 우리 아이들은 구구단을 외울 때 다른 부분보다 특히 6단과 8단을 더 어려워했다. 그 이유가 뭘까? 다른 집 애들도 다 그런가, 아니면 우리 집 애들만 이상한 걸까?

사족 2 사람들은 흔히 수학이나 과학 과목에 대비하여 역사, 사회 등의 과목을 '암기 과목'이라고 부른다. 그럼 이 과목들은 원리는 몰라도 되고 무조건 암기만 하면 잘할 수 있는 걸까? 아니잖아?

선행학습의 허(虛)와 실(實)

어느 날 휴일을 맞아 집에서 쉬고 있는데 새벽부터(!) 선배에게서 전화가 왔다. 딸아이가 초등학교 4학년인데 수학 숙제를 풀지 못하겠으니 좀 가르쳐달라는 것이었다. 아니, 초등학생 숙제를 대학교수한테 풀어달라니 너무하잖아, 이거? 그런데 어떤 문제인지 들어보니 초등학교 4학년이 풀기에는 어려워 보였다. 나는 그날 마침 몸이 좋지 않아서 그것보다 더 어려운 수학 문제는 풀기 어려웠으므로 꾸역꾸역 그 문제에 대하여 생각해봤다. 얼마 후 그런대로 풀이를 찾아낸 나는 선배에게 풀이를 '보고'하고, 그날 저녁 제사를 지내러 부모님 댁에 가는 차 안에서 중학교 1학년, 초등학교 2학년이던 우리 아이들에게 그 문제를 풀어보라고 했다. 아들 녀석은 "그거 어렵네? 생각보다 어려운걸?" 하고 중얼거리다가 그런대로 풀이를 찾아냈지만 딸아이는 도무지 감이 안 오는 모양이었다. 초등학교

2학년에게는 너무 어려운 문제였을 것이다. 나는 제사를 지내고 돌아오는 차 안에서 아들 녀석에게 그 문제의 풀이를 동생에게 설명해 주라고 했다. 딸아이는 곤혹스러운 표정을 짓더니 한숨을 내쉬었다.

"수학자의 자식이라고 다 수학을 잘하는 건 아닌가봐."

실제로 그 당시 딸아이의 수학 실력에는 문제가 좀 있었다. 기본적인 내용을 이해하지 못하는 것은 아니었으나 (초등학교 2학년 과정에 무어 그리 어려운 내용이 있으랴마는……) 계산할 때 자주 실수를 하고, 특별히 어렵다 싶은 문제는 어김없이 풀지 못했다. 가끔씩 엄마가 계산 실수를 꾸짖으면 반항을 감행하기까지 했다.

"어쩌다 틀릴 수도 있는 거지! 꼭 100점을 맞아야 돼!?"

그런데 그게 '어쩌다'가 아니라 '언제나'인 게 문제였다. 나는 딸아이가 4학년이 됐을 때 어느 기관에서 주최하는 수학 학력 평가에 참가하게 했다. 객관적으로 아이의 실력이 어떤 수준인지를 확인해 보고 싶었기 때문이다. 평가를 받기 전날 딸아이는 걱정이 태산이었다. '완전히 망하면' 어떻게 하느냐는 것이었다. 나는 점수는 걱정하지 말고 그저 아는 것만 다 풀면 된다고 안심을 시켰다. 딸아이가 시험을 치르고 와서 "완전히 망했다"고 울상을 지을 때만 해도 나는 사태의 심각성을 깨닫지 못했다. 드디어 점수가 발표되었을 때…… 나는 아내의 맹렬한 질타를 받아야 했다. 딸아이의 점수는 상상 이상으로(이럴 때는 '상상 이하'라고 해야 하나?) 참혹했던 것이다.

"아니, 수학은 당신이 책임진다더니 이게 도대체 어떻게 된 거야!!?"

아내는 겨울방학이 되자 4학년 과정을 확실하게 복습시키겠다고 나섰다. 나는 반대했다. 딸아이가 4학년 내 배운 내용을 하나도 모른다면 처음부터 다시 공부해야겠지만 이 경우는 다르다. 기본 내용은 다 이해하는데 계산 실수를 반복하고 어려운 응용 문제를 풀지 못하는 것뿐(?)이다. 그걸 처음부터 다시 공부하라고 한다면 오히려 흥미를 잃어 실수도 더 많아지고 어려운 문제는 손도 대지 못할 것이다. 그러니까 차라리 5학년 1학기 내용을 공부시키는 게 훨씬 효과적이다. 이게 내 생각이었다. "그렇게 잘난 사람이 왜 아이를 이 꼴로 만들어놓았느냐?"는 아내의 비난이 이어졌지만 나는 나름의 근거를 제시했다. 사람은 뭔가 새로운 것을 마주해야 흥미를 느끼는 법이다. 딸아이도 4학년 내용을 복습하기보다는 5학년 내용을 새로 배우는 게 훨씬 흥미로울 것이다. 그리고 5학년 내용을 공부하다보면 4학년 내용이 (다 나오는 건 아니지만) 자꾸 나와서 저절로 복습이 되게 마련이다. 그런데 무엇 때문에 4학년 내용을 처음부터 다시 복습해야 하는가? 무엇보다 겨울방학 동안에 4학년 내용을 모두 복습하는 것은 불가능하다. 결국 겨울방학 동안의 '혹독한' (물론 계획대로 실천에 옮겼을 경우에 한해서) 훈련도 보람 없이 또다시 어느 정도 뒤처진 채 새 학기를 시작하게 될 것이다. 그게 무슨 바보 같은 짓이냐⋯⋯ 기타 등등⋯⋯

실제로 나는 대학생들이나 대학원생들에게도 그렇게 얘기한다. 기본 실력이 부족하다고 해서 대학 1학년 때 배운 기본 과목부터 철저히 복습해야겠다고 달려드는 것은 정말 어리석은 짓이다. 한두 과목이라면 모를까 복습해야 할 과목이 한두 트럭이 아닌데 그런 짓을 시도했다가는 처음 생각과는 달리 항상 뒤처진 채로 질질 끌려가게 될 것이다. 차라리 다음 학기 때 배울 것들을 예습하는 게 낫다. 복습은 그때그때 정말로 필요한 부분만 하면 된다. 그래야 정서적 불안감도 없어진다…… 역시 기타 등등……

그러니까 나는 '선행학습'을 주장하는 셈이다. 그런데 세상에는 선행학습은 전혀 쓸모가 없다고 말하는 사람이 많다. 그리고 어떤 사람들은 선행학습이 오히려 커다란 해를 끼친다는 극언(?)을 하기도 한다. 그것도 상당히 설득력 있는 이유로 그렇게 말한다. 소위 '선행학습 중독 증후군'에 걸려 사경을 헤매게 된다는 것이다. 일선 교사들이 보고하는 대표적인 증상을 몇 가지만 들면 다음과 같다.

1) 이미 다 아는 내용이라는 이유로 수업에 흥미를 보이지 않는다.
2) 원리에는 관심이 없고 답이 뭔지에만 관심이 있다.
3) 문제는 그런대로 풀 줄 알지만 왜 그렇게 풀어야 하는지는 설명하지 못한다.
4) 이미 풀어준 문제를 조금만 변형시키면 어찌할 바를 모른다.
5) '미분'이 뭐냐고 물으면 "x^2을 미분하면 $2x$가 나오는 것"이라고 대답한다.

이 밖에도 '치명적인' (이건 솔직히 너무 겁주는 표현이다) 중독 증상이 무수히 많다. 그렇지만 선행학습이 바람직하지 않다고 말하는 사람들도 '예습'은 바람직하다고 말한다. 이건 모순이 아닐까? '선행학습(先行學習)'이나 '예습(豫習)'이나 '미리 공부하는' 건 마찬가지 아닌가?

이런 종류의 의문에 대한 답은 언제나 뻔하다. '적절한' 선행학습은 실력 향상에 아주 커다란 도움이 되지만 그렇지 못한 선행학습은 거의 치명적인 해독을 끼친다는 것이다. 그렇다면 '적절한' 선행학습과 '부적절한' 선행학습은 어떻게 구별할 수 있을까? 이건 물론 '그때그때 다르다'. 그래도 대강의 기준은 말할 수 있을 것 같다.

우선 '적절한 빠르기'가 중요하다. (다른 나라도 마찬가지겠지만) 우리나라 학부모들은 뭐가 그렇게 급한지 무조건 진도만 빨리 나가는 걸 선호하는 경향이 있다. 사정이야 어찌됐든 자기 학년보다 2년은 앞서 가야 안심을 한다. 이에 따라 교육을 담당하는 사람들도 일단 진도를 빨리 나가고 본다. 교육비를 지불하는 건 학부모지 학생이 아니기 때문일까? 학생이 제대로 이해를 하든 못하든 여름방학 동안에 『수학의 정석』 한 권을 끝내는 것은 보통이다. 그래서 학생들은 제대로 이해하지도 못했으면서 그저 한 번 들어봤다는 이유로 다 알고 있다는 착각에 빠져 (아, 일단 끝냈으니까) 막상 수업 시간에 차근차근 원리를 설명해줄 때에는 지루해하며 흥미를 보이지 않는 것이다. 내 생각에는 일부 특별히 우수한 학생들을 제외하면 대부분의 경우 한 학기 정도의 선행학습이 적절하지 않을까 한다. 방학 동안에는 다음 학기에 공부할 것을 미리 맛본다는 기분으로 가볍게 (그러나 진지하게!), 학기중에는 심화학습을 한다는 기분으로 깊이 있게 공부하는 것이 어떨까?

다음엔 학습방식이 문제 풀이 요령에만 치우쳐 있지 않은가를 점검해야 한다. 상당수 교육 담당자들은 교과 과정에 나오는 주요 내용의 원리와 응용을 가르치는 게 아니라 여러 가지 문제들을 유형별로 분류하고 그에 따른 처방을 내리려고 한다. 그러나 원리를 제대로 이해하지 못하는 한 이런 방식은 극히 제한된 효과를 기대할 수밖에 없다. 특히 문제를 조금이라도 변형시켰을 때에는 "어, 이건 안 배웠는데?" 하는 반응이 나오게 마련이다.

'과정'은 무시하고 '결과'만 얻어내려는 성급한 태도 역시 잘못된 선행학습의 대표적인 문제점이다. 어설프게 선행학습을 한 학생들은 인내심이 부족하다. 이런 학생들은 선생님의 설명을 끝까지 들으려 하지 않고 "그러니까 답이 뭐냐?"고 질문한다. 이런 안타까운 현상은 문제를 푸는 과정을 몰라도 답만 제대로 찍으면 되는 평가 방식과도 관계가 있는 것으로 보인다.

이렇게 얘기하다보니 내 신념(?)과는 반대로 선행학습의 문제점만 집중적으로 분석한 것 같다. 그렇지만 위에서 지적한 몇 가지만 주의한다면 적절한 '선행학습'이 질질 끌려가는 '미행학습(尾行學習)'보다 훨씬 더 효과적이라는 것은 너무나도 분명한 사실이 아닐까?

울고 싶어라

나는 우리 아이를 과학고등학교에 보내려고 했다. 이공계 기피 현상이 심각하여 많은 사람들이 나라의 장래를 걱정하는 요즈음 이 녀석은 기특하게도(?) 공대에 진학하여 컴퓨터 공학을 전공하겠다니 이 얼마나 다행스러운 일인가. 따라서 내가 녀석을 과학고등학교에 진학시키려고 하는 것도 지극히 당연한 일이었다. (그런데 그걸 공부해서 컴퓨터 게임을 만들겠다고 설치고 있으니, 으윽……)

그런데 이게 웬일인가. 중학교 3학년이 되어 과학고등학교 입시 요강을 보니 글쎄 우리 아이는 아예 지원 자격이 없는 것이 아닌가? 중학교 2학년 2학기 때 과학 성적이 기준에 못 미쳤기 때문이다. 다른 학기 과학 성적은 솔직히 매우 우수한 편인데 그만 한 학기 성적을 망쳐서 (한 번 시험을 망치면 그렇게 된다) 인생이 꼬여버린 것이다. (녀석은 그래도 상위 11퍼센트인데 망쳤다고 표현하는 건 좀 지나치다고 항변한다.) 나는 그저 수학만 잘하면 되는 줄 알고 수학 공부만 열심히 시켰는데, 그 잘난 수학 실력도 과학고등학교에 입학할 만큼 뛰어난 건 아니었다. 수학 실력만으로 과학고등학교에 입학하려면 서울시 수학경시대회에서 우수한 성적으로 입상을 해야 하는데 우리 아이는 학교 대표로는 뽑혔지만 안타깝게도 입상할 실력은 되지 못했다.

어쨌든 시간은 벌써 7월 중순인데 컴퓨터 공학을 전공하겠다는 우리 아이는 과학고등학교에 지원서도 낼 수 없는 냉엄한 현실이었다. 인터넷으로 서울에 있는 과학고등학교의 입시 요강을 살펴보던 아내와 나는 급기야 부부싸움을 했다.

나   이게 어떻게 된 거야? 과학고등학교를 아예 못 가잖아?
아내   왜 그러는데?
나   매 학기 과학 성적이 상위 7퍼센트 안에 들어야 원서라도 낼 수 있다는데?
아내   아니, 당신은 도대체 뭘 했어? 그런 것도 제대로 알아보지 않고!
나   뭐라고? 다른 집을 보면 그런 건 엄마가 다 알아본다더라!
아내   아들 교육은 당신이 책임진다며?

그때 아들 녀석이 끼어들어 소리를 꽥 질렀다.
"안 가면 되잖아요!? 왜 싸워요!?"
그러고는 문을 쾅 닫고 제 방에 들어가버린다. 하긴 안 가면 되지, 뭘. 그렇지만 정말 당혹스러운 일이었다. 그때까지 아무 근거도 없이 우리 아이를 과학고등학교에 보내겠다고 동네방네 떠들고 다녔는데 이건 아예 지원할 자격도 없다니 이 사태를 도대체 어떻게 해결할 것인가? 좀더 일찍 과학고등학교 입시 요강을 알아봤더라면 녀석에게 다른 건 몰라도 과학 성적은 신경을 좀 쓰라고 말했을 텐데 후회도 되고, 그 학기만 제외하면 과학 성적이 아주 우수한데 이건 좀 너무한 것 아닌가 원망도 하며 당황하고 헷갈린 마음으로 며칠을 보냈다. 그러고는 전혀 엉뚱한 결론을 내렸다. 외국어고등학교에 보내기로 한 것이다.

아니, 공대를 가겠다는 놈이 웬 외국어고등학교? 일단 국제화 시대에 영어는 필수이니까 영어를 확실하게 배우는 것은 꼭 필요하다. 그리고 공학을 잘하려면 무엇보다 역시 수학을 잘해야 한다. 컴퓨터 공학의 경우에는 거의 절대적이다. 그런데 수학을 전공한 내 경험에 의하면 영어는 물론 프랑스, 독일, 일본 등 수학 선진국의 언어를 잘 알면 아주 도움이 될 텐데 그렇지 못해 아쉬울 때가 많았다. 게다가 이 나라들은 모두 컴퓨터 공학도 아주 발달한 나라가 아닌가? 그러니까 외국어고등학교에 가서 이런 나라의 언어를 공부하는 한편 수학을 열심히 해서 공대 진학에 대비하면 된다.

그러나 이건 사실 모두 억지로 갖다붙인 핑계에 불과하고, 진짜 이유는 녀석과 제일 친한 친구 녀석이 외국어고등학교에 가려고 하기 때문이었다. 완전히 '친구 따라 외고 가는' 셈이었다. 물론 내 마음속엔 거길 보내면 학교에서 잘 가르쳐줄 테니까 학원에는 안 보내도 되지 않을까 하는 흑심이 크게 자리잡고 있었다.

문제는 그때부터였다. 다음 날 아침에 아이 학교에 가서 담임 선생님과 상담을 했더니 외고 입시 전문 학원에 다니질 않으면 합격할 가망이 없다는 게 아닌가? (사실은 그때부터 입시 전문 학원에 다녀도 이미 늦었다는 표정이었다.) 선생님께서는 친절하게 어떤 학원이 좋은지도 가르쳐주셨다. 그러나 그때가 벌써 7월 20일경이어서 시간이 없었다. 외고 입시가 11월 초니까 겨우 석 달 정도밖에 남지 않은 것이다. 그런데 그 잘난 외고 입시 전문 학원들은 치사하게 입학시험을 치른다고 했다. ('입원시험'이라고 해야 하나?) 게다가 담임 선생님 말씀에 의하면 그 '입원시험'이 상당히 어렵다는 것이었다.

아내와 나는 일단 아이에게 '입원시험'을 치르게 하기로 하고 출근을 했다. 토요일인 데다가 이래저래 우울하다보니 공부도 잘 되질 않았다. (공부하기 싫어서 그랬다는 고백은 절대로 할 수 없다.) 오후가 되어 무거운 마음으로 집에 돌아와보니, 아니, 이게 웬일인가? 아이를 데리고 '입원시험'을 치르러 가 있어야 할 아내가 침대에 앉아 울고 있는 게 아닌가? 도대체 왜 그러느냐고 물으니 아이가 학원에 가기 싫다고 선풍기를 발로 차며 난동을 부렸다는 것이다.

천천히 주위를 둘러보니 과연 선풍기가 정상 위치와 각도를 벗어나 하늘을 쳐다보고 있고, 아이는 난동을 부리다 지쳤는지 자기 방에서 쿨쿨 자고 있었다. 나는 뭔가 필사적인 마음으로 아내를 달래기 시작했다. 저놈이 정말 나쁜 놈이다. 부모가 다 자기 잘되라고 학원도 보내고 그러는 건데 저렇게 반항을 하고 난동을 부리다니 정말 배은망덕한 놈이다. 그러나 한편으로는 이렇게 생각하자. 아이가 반항한다는 것은 그만큼 성장했다는 뜻이기도 하다. 독립적으로 생각하고 의지가 있을 때 반항도 하는 것이다. 그러니까 속이 많이 상하더라도 아이가 그만큼 큰 거라고 생각하고 마음을 좀 진정시켜라. 나는 아내에게 하는 건지 나 자신에게 하는 건지 구분이 잘 가지 않는 소리를 늘어놓으며 아내를 달랬다. 한참이 지나 아내가 마음의 평정을 찾고 아이를 학원에 데려갈 준비를 하기 시작했다. ('입원시험'을 치러야 하니까.)

이젠 아이를 깨워서 보내면 된다. 나는 자는 녀석을 깨워 엄마한테 그렇게 못되게 구는 놈이 어디 있느냐고 한바탕 야단을 친 뒤 이제 엄마랑 같이 학원에 시험을 치러 가라고 명령했다. 그런데 그동안 아빠의 일장훈시를 곱게 듣고 있던 놈이 갑자기 침대에 엎드려 일어나질 않는다. 자세히 살펴보니 울고 있었다. 도대체 왜 그러느냐고 물어도 대꾸조차 하지 않고 흑흑 흐느껴 울다가, 학원에 가기 싫어서 그러는 거냐고 물으니 고개를 두어 번 끄덕거렸다. 그러더니 이젠 아예 베개에 얼굴을 묻고 통곡을 하는 것이 아닌가.

나는 또다시 필사적인 마음이 되어 아이를 달래기 시작했다. 외고에 가면 학교에서 배우는 것만으로도 충분하기 때문에 학원에 다니지 않아도 된다. 그런데 일반 고등학교에 가면 학원에 다니는 게 필수라고 한다. 어쩌면 일주일 내내 학원에서 살아야 할지도 모른다. 그러니까 지금 석 달 동안 학원 다니는 것이 너를 위해서도 좋은 일이다. 아니, 요즘 수능시험이 그리 어렵지도 않다는데 정신 차려 스스로 공부한다면 어디 학원 같은 델 갈 필요가 있겠는가? 오히려 학원에 다니면서 쓸데없이 시험 공부만, 그것도 아는 걸 틀리지 않는 공부만 하기 때문에 학생들은 학생들대로 고생하고 학업 능력은 갈수록 떨어진다는 것이 내 생각이다. 그렇지만 나는 사태 수습이 급선무였으므로 석 달만 학원 다닐래, 아니면 3년 동안 학원 다닐래, 양자택일을 하라는 공갈 협박으로 한참 동안 밀어붙인 끝에 겨우 아이의 '윤허'를 받아낼 수가 있었다. 정말 더럽고 치사해서……

그러나 녀석은 아무리 생각해도 억울한지 겨우 일어나 세수를 하면서도 말을 못 이을 정도로, 숨을 제대로 쉬지 못할 정도로 흑흑 헉헉 흐느끼고, 겨우 세수를 마치고 수건으로 얼굴을 닦다가는 눈물을 또 왕창 쏟으며 세면대로 돌아가고…… 도대체 남이 보면 내가 아이에게 무슨 몹쓸 짓을 시킨 것으로 오해할 만한 행동을 몇 번이나 되풀이한 끝에, 그야말로 도살장에 끌려가는 소와 같은 표정을 지으며 엄마를 따라 집을 나섰다.

어쨌든 녀석과 엄마가 학원을 향해 떠났으니 이제 한숨 돌릴 수 있게 됐다. 아, 이제 좀 쉬어야지 하면서 TV를 켜고 스포츠 프로그램을 찾으려는데 이번엔 갑자기 울컥 하더니 내가 울고 싶어졌다. 울~~고~~ 싶~~어라, 울고 싶~~어라~~ 내 마음~~~…… 도대체 극성 아빠인 내 마음은 누가 달래줄 것인가……

다행히 녀석은 '입원시험'에 합격하여 석 달 동안 학원을 다니게 됐다. 그러나 그게 혹독한 시련의 시작일 줄은 그때는 아무도 알지 못했다.

외고 입시 학원

우리 아들아이는 외고 입시를 석 달 남기고 외고 입시 전문 학원에 다니게 됐다. 그런데 이 학원이라는 것이 사실은 지옥과 다름없었다. 국어, 수학, 영어 세 과목을 배우는 데 하루에 네 시간씩 일주일에 여섯 번을, 그러니까 일주일에 24시간을 학원에 앉아 있어야 한다. 나는, 이건 도저히 불가능한 일정이라고 생각했다. 이래서야 언제 예습을 하고 언제 복습을 하나? 그냥 강의 시간에 앉아만 있는다고 실력이 오르는 게 아니잖아? 그리고 어떻게 매일 가서 네 시간 이상을 앉아 있냐? 지옥 훈련이 따로 있나, 이게 바로 지옥이지. 나는 우리 아들이 너무나 측은했다. 게다가 첫날부터 웬 숙제는 그렇게 많이 내주는지, 수학 숙제가 80문제였다. 너는 다른 사람들보다 늦게 시작했으니 하루 동안에 그동안 밀린 진도를 다 따라오라는 것이었다. 아니, 어떻게 하루에 80문제를 풀 수 있겠는가? (그런데 내 동생은 재수할 때 하루에 100문제를 풀었단다. 어휴……) 나는 솔직히 수학 선생님이 제정신이 아니라고 생각했다. 아이가 40문제 정도 풀었을 무렵 나는 참지 못하고 일을 저질렀다. 학원에 전화를 한 것이다.

"아니, 아이 하나 잡으려고 저러십니까? 이러면 첫날부터 학원 다니기 싫다고 합니다."

원장 선생님은 인내심이 강한 듯했다.

"담당 선생님께서 의욕이 왕성하셔서 그런 겁니다. 젊고 실력 있는 분이거든요."

"차라리 문제 수를 왕창 줄이는 게 더 효과가 있을 것 같습니다. 이 숙제 그만해도 되는 거죠?"

나는 위압적인(?) 태도로 아이를 숙제에서 해방시켰다. 물론 그날 저녁 아내에게 철저한 응징을 받았다. 그리고 그게 시작이었다. 아들 녀석과 아내, 그리고 나 사이에 처절한 3파전이 벌어진 것이다. 말이 좋아 '3파전'이지 실제로는 '고래 싸움에 새우 등 터지는' 격이었다.

아이는 첫날부터 학원을 다니지 않겠다고 버텼다. 하루에 네 과목씩 일주일에 여섯 번을 나가면 놀기는 언제 노느냐는 것이었다. 아내는 한심하다며 잔소리를 늘어놓았다. 이제 겨우 시작했는데 무슨 소리냐. 다른 아이들은 이미 중학교 1학년 때부터 그렇게 학원을 다녔다는데 너는 겨우 석 달 다니는 거 아니냐. 그런데 무슨 놀 생각을 하느냐. 너는 이제부터 학원에서 먹고 산다는 각오로 매일같이 학원을 다녀야 한다. 아이는 그렇게는 죽어도 못 하겠다고 버텼다. 나는 심정적으로 아이에게 동조하는 편이었다. 아내가 자기가 불안하니까 애꿎은 아이만 들볶는다는 생각이었다. 그러나 한편으로는 나 역시 아내 못지않게 불안했으므로 그래도 이왕 다니는 거 열심히 다니는 게 좋은 것 같기도 하지만, 그래도 애가 저렇게 가기 싫어하면 효과가 없을지도 모르고, 그렇다고 그냥 놀 수만은 없을 것 같으므로…… 적당히 열심히 다니면 되지 않을까 하는 주장을 펼쳤다. 결국 우리 셋은 '대타협'을 했다. 일주일에 3일만 가는 것으로 합의를 본 것이다. 이건 물론 중재를 자임한 내가 공갈 반 협박 반 (이건 아이를 향해서), 애원 반 간청 반 (이건 아이 엄마를 향해서) 필사적으로 노력한 결과였다.

그러나 녀석은 그나마 일주일에 세 번 가는 것도 정말 싫어했다. 그동안 일주일에 한 번 집에서 가까운 영어 학원을 다닌 게 전부였으니 그럴 만도 했다. 녀석은 학원을 갈 때마다 황소처럼 버텼고 돌아와서는 신음 소리를 냈다. 어떤 날은 자다가 한 시간을 늦기도 했고, 어떤 날은 머리가 아프다며 일찍 돌아오기도 했다. 아내는 아내대로 저렇게 답답하고 제멋대로인 유전자를 타고난 아들에 대한 감정을 나에게 퍼붓곤 했다. 그러던 어느 날 드디어…… 올 것이 오고야 말았다. 그날 저녁 윤구가 다니는 학원에서 전화가 온 것이다.

"윤구가 오늘 학원에 안 왔는데요?"

"어? 아까 학원 간다고 나갔는데요?"

"아니에요. 안 왔어요."

이때 녀석이 보나마나 학원을 땡땡이 치고 어디로 도망갔다고 생각할 부모는 거의 없을 것이다. 우선 전과가 없지 않은가? 그러나 나는 확신했다. 이놈은 제일 친한 친구 태홍이네 집에 놀러 간 것이 틀림이 없다고. (나 같으면 보나마나 그랬을 테니까. 흐흐흐.) 그런데 태홍이의 대답은 전혀 의외였다. 윤구가 거기 오지 않았다는 것이다. 아니 이럴 수가. 이게 어떻게 된 거지? 나는 그때부터 전혀 다른 종류의 걱정 때문에 공포감에 휩싸였다. 이거 혹시 교통사고라도 나서 어디 병원에 누워 있는 게 아닐까? 동네 깡패한테 뭇매라도 맞고 돈이라도 빼앗겼나? 어휴, 제발 살아 있기만 해라. 정말 별의별 방정맞은 생각이 다 떠올라 어쩔 줄 몰라 하며 전전긍긍했다.

녀석이 학원에서 돌아올 시간이 되자 문이 열리는 소리가 났다. 녀석이었다. 나는 안도감과 분노가 뒤범벅이 된 채 격렬한 소리로 물었다.

"어디 갔다 왔어?"

녀석이 태연한 얼굴로 대답했다.

"학원이요."

그 순간 나는 제정신을 잃고 당장 엎드리라고 소리소리를 질렀다. 녀석도 사태를 파악했는지 엎드려뻗쳐 자세를 취했다. 나는 그동안 쓰지 않던 골프채를 꺼내들었다.

"네가 뭘 잘못했는지는 알아?!!"

"네."

"네 잘못이 뭐야?"

"거짓말한 거요."

뭐, 자기 잘못은 정확하게 알고 있군. 나는 이를 악물고 골프채 손잡이 부분으로 아이의 엉덩이를 향해 스윙을 날렸다. 다섯 번이었다. 솔직히 네번째 것을 제외하면 녀석의 엉덩이 바로 앞에서 자기도 모르게 스윙에 브레이크가 걸리곤 했다. 그래도 꽤 아팠을 것이다. 그러나 내 마음은 그보다 5만 배는 더 아팠다. 나는 처절하고 필사적인 심정으로 아들과 대화를 시도했다.

"어디 갔었니?"

"태홍이네 집이요."(이런 태홍이 녀석. 아깐 자기 집에 없다고 천연덕스럽게 대답하더니……)

"왜 그랬니?"

"학원에 가기 싫어서요."

"너 그럼 학원에 다니지 않아도 외고 입학시험에 합격할 수 있니?"

"잘 모르겠어요."

"그럼 열심히 다녀야 하는 거 아니니?"

"……"

"많이 아프진 않니?"

"괜찮아요."

"맞은 데가 부어오르지 않았니?"

"원래 조금만 긁혀도 부어오르는데요, 뭘."

사실 녀석의 피부는 너무 예민해서 손톱에 살짝 긁혀도 부풀어오른다. 그래도 그렇지…… 그날 밤 나는 잠을 이루지 못했다. 내 손으로 아이를 때렸는데 어떻게 잠이 오겠는가? 나는 그래도 기대했다. 오늘 이 심각한(!) 사태를 계기로 이 녀석이 마음을 잡을 것이다. 자기가 아픈 만큼, 아니 그보다 훨씬 더 아빠의 마음이 아프다는 걸 알 테니까, 이제는 녀석이 스스로 알아서 공부도 하고 학원도 열심히 다닐 것이다. 다시는 야단도 치지 말고 때리지도 말아야지. 앞으로는 다 잘될 거야.

그러나 현실은 꿈과 달랐다. 녀석은 여전히 학원에 가길 싫어했으며 그렇다고 혼자 알아서 열심히 공부를 하지도 않았다. 아내는 여전히 쟤가 도대체 뭐가 되려고 저러냐고 잔소리를 하며 신경질을 냈고, 두 고래 틈에 끼인 나는 인생이 너무나 불행했다. 그리고 또 한 건의 사건이 터졌다. 녀석이 학원에 갈 시간에 잠을 자기 시작하여 그냥 밤늦게까지 자버린 것이다. (우리 아들 녀석은 잠꾸러기다.) 마침 일본에서 온 손님과 함께 저녁 식사를 하던 나는 노기 띤 아내의 전화를 받고 "집에 가자마자 어떻게든 해결을 하겠다"고 둘러대며 위급한 사태를 모면했다.

그날 밤 실컷 자고 일어난 녀석과 대화를 시도했다.

"너, 학원에 가기 싫지?"

"네."

"아빠는 네가 하기 싫으면 아무리 좋은 일이라도 소용없다고 생각한다."

"……"

"차라리 전처럼 일주일에 한 번 영어 학원만 다닐래?"

녀석이 머뭇거리며 말했다.

"그건 외고 입시를 대비하는 게 아니잖아요."

"그럼 너는 어떻게 했으면 좋겠니?"

그 녀석의 얘기는 이랬다. 학원은 정말 가기가 싫다. 일주일에 세 번이라지만 네 시간씩 앉아 있는 건 정말 지겹다. 특히 수학 시간은 설명도 빠르고 기계적으로 문제만 풀어주기 때문에 앉아 있기가 싫다. 그러니까 수학 수업은 가지 않겠다. 영어 수업도 듣기 싫다. 도대체 그게 영어인지 뭔지 모르겠다. 그러나 외고 입시에 대비는 해야 하니까 일주일에 두 번만, 영어 수업만 가겠다. 그런데 입학시험에 국어도 있다니까 토요일 국어 수업은 가겠다. 그러니까 화요일, 목요일에 영어 두 시간, 그리고 토요일에 국어 두 시간만 다니겠다는 것이다. 원래 학원 일정에 비해 4분의 1로 축소된 일정이지만 나는 그럼 그 시간만큼은 아주 열심히 한다는 다짐을 받고, 사실은 그것만도 황송해서 그렇게 하라고 했다.

문제는 그날이 목요일 밤이었다는 데 있었다. 다음 날 논문 심사 때문에 선배 교수들과 연구실에 모여 있던 나는 다시 한 번 아내의 노기 띤 전화를 받았다.

"애가 왜 오늘도 학원을 안 간 거야? 당신이 안 가도 된다고 했다면서?"

"아니, 그게 화요일, 목요일, 토요일에 두 시간씩 가기로 했는데?"

"그렇지만 어제 안 갔으니까 오늘은 가야 할 거 아냐?"

"아니, 그게…… 그러니까……."

"당장 학원 보내. 알았지?"

그러고는 전화를 딱 끊는 게 아닌가? 나는 '새우'의 본분도 잊고 선배들에게 투덜거렸다.

"아니, 학원을 안 간 건 아들놈인데 내가 왜 야단을 맞아야 해?"

선배들이 낄낄댔다.

"아니, 널 야단친 건 윤구 엄만데 왜 우리가 너한테 야단을 맞아야 하냐?"

나는 할 수 없이 아들 녀석에게 전화를 했다. 애야, 오늘은 금요일이므로 학원을 안 가도 된다. 그게 약속이니까. 그런데 오늘만은 가정의 평화를 위해서 네가 좀 양보를 해라. 그냥 눈 딱 감고 학원에 다녀와다오. 녀석은 무슨 대단한 인심이라도 쓰는 듯 학원을 다녀와주었고, 그날은 그런대로 무사히 넘어갔다. 아아, 이 녀석은 이제 겨우 중학교 3학년인데 벌써 이렇게 난리를 쳐야 하다니 녀석이 고등학교 3학년이 되면 내 인생은 대체 어떻게 될 것인가?

에필로그 1 나중에 알고 보니 아내는 아들 녀석과 내가 학원 일정을 반으로 줄여나갈 때마다 학원비를 (반은 아니지만) 대폭 감액 받았다고 한다. 정말 대단하다.

에필로그 2 입시 전문 학원을 다닌 덕분인지 원래의 일정을 4분의 1로 줄인 덕분인지 녀석은 다행히 원하는 외국어고등학교에 진학할 수 있었다. 나는 솔직히 후자라고 생각한다.

수학 경시 대회

나는 어린 시절부터 우리 아이에게 수학을 가르쳤다. 초등학교 들어가기 전에도 간단한 수학 문제를 풀며 같이 놀아(?)주었고, 초등학교 입학 후에는 나름의 기준을 세운 뒤 그에 맞는 수학책을 골라 꾸준히 공부하게 했다. 그래서인지 가까운 친구들 사이에서는 수학을 곧잘 한다는 평을 듣게 됐다. 그러다보니 슬슬 욕심이 생기기 시작했다. (하긴 욕심이야 처음부터 왕창 있었지.) 이 녀석이 정말 얼마나 잘하는지 알고 싶은(사실은 이 녀석이 정말 잘한다는 걸 확인하고 싶은) 욕심, 이걸 동네방네(= 친·외가 8촌 이내) 자랑하고 싶은 욕심이 생긴 것이다.

이런 욕심을 만족시키는 가장 좋은 방법은 녀석이 수학 경시 대회에 참가하여 우수한 성적을 거두는 것이다. 그래서 어느 학습지 회사에서 주최하는 수학 경시 대회에 참가 신청을 한 후 시험 준비에 들어갔다. 준비가 뭐 별 거 있나? 평소 실력으로 보면 되지. 그런데 그 평소 실력이 어느 정도인지 알 수가 없으니 테스트가 필요했다. 마침 그 학습지 회사에는 대학 후배가 근무하고 있었다. 나는 예전에 출제됐던 문제 몇 세트만 달라고 했다. 지금 생각하면 시중에서 얼마든지 살 수 있었는데 괜히 폐만 끼친 것이다. 후배에게서 기출 문제 세트를 세 개 넘겨받은 나는 당장 집으로 돌아와 아이에게 풀게 했다. 괜히 나 혼자 들떠서 그러는 건 줄 다 알지만 어쨌든 녀석이 얼마나 잘 풀지 불안과 기대가 교차했다.

기출 문제는 한 세트에 30문제였는데 문제를 들여다보니 상당히 어려워 보였다. 다음 날 해답을 보고 채점을 했다. 채점 결과는 아주 만족스러웠다. 두 개를 제외하곤 모두 정답을 써넣은 것이다. 흥분한 나는 후배에게 전화를 했다.

"야, 우리 애한테 문제를 풀어보게 하니까 두 개 틀리는데 그 정도면 입상권에 드냐?"

"뭐? 그 정도면 거의 전국 대회 금상 수준인데?"

"그~~으~~래~~?"

나는 으쓰까빠한 마음으로 목에 힘을 줬다. 그때 후배 녀석이 갑자기 생각났다는 듯이 확인을 했다.

"그런데 시간은 쟀어?"

"시간? 아니? 한 두세 시간은 풀지 않았을까?"

"시간을 정확히 재야 해. 60분."

"뭐? 60분에 30문제를 풀란 말이야? 무슨 경시 대회가 그래?"

투덜거리며 전화를 끊고 나서 이번엔 다른 문제 세트를 가지고 시간을 정확하게 재며 테스트를 했다. 결과는 역시 예상대로였다.

30문제 중에 겨우 18문제를 푸는 데 그친 것이다. 괜히 열 받은 나는 이번엔 나머지 한 세트를 시켰다. 이번 결과는 예상보다 더 나빴다. 겨우 17문제를 푸는 데 그쳤다. 더욱 열이 오른 내가 드디어 폭발하고 말았다.

"뭐야? 겨우 이런 문제들을 제시간에 못 풀면 되냐? 어디 이리 줘 봐!!"

나는 녀석이 미처 풀지 못한 문제 하나를 집어들고 짖어대기 시작했다.

"이런 문제는 뻔한 거잖아? 무조건 문제를 풀려고 들지 말고 우선 생각을 먼저 하란 말이야. 그게 오히려 시간을 절약하는 길이라니까? 잠깐이면 되잖아?"

그런데 '잠깐' 가지고는 시간이 좀 모자란 듯했다. 나는 '잠깐 + 잠깐 + …… + 잠깐' 만큼 생각을 더 하고 이리저리 그림도 그려보고 간단한 계산도 해보았지만 좀처럼 실마리를 잡지 못했다. 그러는 동안 어느새 10여 분이 흘렀다. 아이가 조심스럽게 말을 걸었다.

"아빠, 아빠도 잘 못 풀겠어요?"

이럴 때 "시끄러워! 조용히 해!" 이러는 선생님들을 그동안 얼마나 많이 보아왔던가. 그리고 그럴 때마다 얼마나 깊이깊이 실망했던가. 그런데 내가 바로 그 모습이라니, 그것도 아들 앞에서…… 당황스러운 마음에 혼란에 빠진 나는 쓸데없이 저주를 퍼부었다.

"뭐야, 도대체? 누가 이렇게 병적인 문제를 낸 거야?"

(원래 실력 없는 수학자들이 자기가 잘 못 푸는 문제에 대해 이런 저주를 퍼붓는 법이다. 으윽.)

그뒤부턴 나는 아예 작전을 달리했다. 녀석에겐 금지된 일이지만 내가 문제를 풀어줄 때는 아예 해답을 앞에 놓고 풀이를 이해한 뒤에 설명하는 것으로 방법을 바꾼 것이다. 그래도 어떤 문제들은 해답을 앞에 놓고도 이해하기 어려웠다. 그러다보니 녀석의 실력도 천천히, 아주 천천히 향상되었다. 어쨌든 아직 초등학생이니까 너무 조급해하지 않으려고 노력했다. 다행히도 녀석은 초등학교 졸업하기 전에 어느 전국 규모 경시 대회에서 그래도 비교적 괜찮은 성적으로 입상해서 나를 안심시키기도 했다.

문제는 이 녀석이 중학교에 들어간 이후였다. 나는 그 수많은 수학 경시 대회 중에서 뭐랄까 소위 '공신력'이 있는 것은 겨우 두 개 정도라는 것을 그때서야 알았다. 그런데 그 두 개 모두 학년 구분이 없이 1, 2, 3학년이 한꺼번에 치르는 시험이었다. 이런 시험에서 1학년이 좋은 성적을 거두기는 매우 어려울 것이다. 아니, 우선 학교 대표로 뽑히는 것부터가 거의 불가능할 것이다. 나는 1학년 때는 착실히 실력을 쌓고 2학년 때부터 본격적으로 출전하여 빠르면 2학년, 아니면 3학년 때 좋은 성적을 거두게 하려는 작전을 짰다. 사실 여기까지는 무슨 '작전'이 아니잖아? 누구나 그렇게 하는 '희망 사항'일 뿐이지.

그런데 구체적인 '실천 사항'에 들어가보니 경시 대회 준비란 게 그리 만만하지 않았다. 우선 누가 뭐래도 경시 대회보다는 교과 과정에 나오는 내용을 잘 이해하는 게 더 중요하니까 아무래도 경시 대회 준비보다는 기본 내용 학습에 훨씬 더 많은 시간을 투자하게 되었다. 그 다음 문제는 녀석이 경시 대회용 문제는 잘 못 푼다는 것이었다. 당연한 일이었다. 문제가 아주 어려우니까. 게다가 나도 그런 문제들을 살 못 푸는 판이니 이 난국을 어찌하리요? 지하철을 타고 출근하며 경시 대회용 문제의 해답을 들여다보곤 했는데 거의 30분에 한 문제 정도 이해하는 꼴이었다. 따라서 녀석에게 풀이 방법을 가르쳐줄 수 있는 문제도 일주일에 겨우 몇 문제를 벗어나지 못했다.

그렇지만 진짜 문제는 녀석이 수학(이고 뭐고) 공부하는 시간이 절대적으로 부족하다는 것이었다. 하루 종일 놀기만 하는데 무슨 실력이 어떻게 늘어서 경시 대회에서 입상할 만한 우수한 인재가 되겠는가? 그렇게 1년 이상을 허비한 나는 녀석이 중학교 2학년이 되자 아무래도 뭔가 '특단의 대책'을 마련해야겠다는 생각이 들었다. 바로 경시 대회 전문 학원에 보내는 것이다. 그런데 여기저기 수소문하여 '용하다는(!)' 경시 대회 전문 학원을 찾아가서 우리 아이의 현재 상황을 설명했더니…… 글쎄…… 원장님은 별로 열의를 보이는 눈빛이 아니었다. 한마디로 말해서 "지금 우리 학원 다니는 아이들은 초등학교 때부터 훈련을 거듭해온 그룹인데 지금 들어와서 도대체 뭘 어쩌자는 얘기냐?"는 것이었다. 실망스러운 일이었다. 어쨌든 이렇게 상당한 수모를 감수하고 상담을 끝낸 뒤 저녁에 아이를 학원에 보내 테스트를 받게 하기로 했는데…… 집에 와서 얘기를 꺼냈더니 정작 당사자가 죽어도 가지 않겠다는 것이 아닌가. 녀석이 이렇게 학원을 싫어하는 줄은 정말 몰랐다. 그래도 온갖 협박과 공갈을 동원하여 겨우겨우 제 엄마랑 학원을 가게 하는 데까진 성공을 했다. 그러나 결국엔 그 '용하다는' 원장님이 결정타를 날렸다.

"저렇게 엄마 손에 끌려서 오는 애들은 이미 텄어요."

경시 대회에서 좋은 결과를 얻는 학생들은 부모가 끌고 오는 게 아니라 스스로 나서서 엄마 손을 끌고 온다는 것이다. '용하다는' 원장님이 "이미 텄다"는데 어느 누가 더이상의 노력을 기울일 기력이 남아 있겠는가? 학원 보내는 것도 '이미 터버린' 거지.

그래도 나는 마지막 지푸라기를 잡고 늘어졌다. 잘 아시겠지만 서울대학교 수학과에는 각종 수학 경시 대회에서 우수한 성적을 거두는 것을 뛰어넘어 거의 '위대한 업적'을 이룬 녀석들이 즐비하다. 국제 수학 올림피아드에 대한민국 대표로 출전하여 금메달을 딴 녀석들도 여러 명 있다. 나는 그 녀석들 몇 명을 불러 모아놓고 수학 공부를 잘하는 비결을 물어봤다. 이거 뭔가 사태가 거꾸로 흘러가고 있다는 생각이 들었지만 어쩔 수가 없었다.

"얘들아. 우리 아들 녀석에게 경시 대회 준비를 시키려면 어떻게 하는 게 제일 좋으냐?"

그 녀석들이 이구동성으로 대답했다.

"풀고 싶은 문제를 풀고 싶은 만큼 풀라고 하세요."

아니, 이 녀석들이?

"야, 그러다가 한 문제도 안 풀면 어떻게 하냐?"

"그런 경우에는 걔가 경시 대회 스타일이 아닌 거죠. 궁합이 맞지 않는 거니까 억지로 시키시면 안 돼요."

이런 젠장. 백번 천번 옳은 말씀이다. 이게 사실은 그런 애는 수학적 재능이 그리 뛰어나지 않은 거니까 괜히 애 하나 잡지 말고 수준에 맞는 문제를 풀게 해서 수학에 재미를 붙이도록 하라는 얘기다. 나도 어느 학부모가 자녀에 대해 상담을 해오면 그렇게 대답할 것 같다. 그런데 이건 내 아들 녀석이 아닌가? 도저히 그냥 포기할 수가 없었다. 그래서 나는 그날 저녁 아들 녀석에게 타협안을 제시했다. 애야, 수학 도사인 형들 말씀이 풀고 싶은 문제를 풀고 싶은 만큼 풀게 하는 게 경시 대회를 대비하는 제일 좋은 방법이란다. 그렇지만 그래도 하루에 한두 문제는 반드시 풀었으면 좋겠다.

과연 내 학생들의 비결은 틀림이 없었다. 그리고 나의 판단도 틀림이 없었다. 녀석은 한 달이 지나는 동안 겨우 다섯 문제를 풀었다. 그게 그 녀석이 '풀고 싶은 만큼'인 것이다. 어쩌면 그게 '풀 수 있는 만큼' 일지도 모른다. 아니, 그럴 것이다. 결국 녀석은 학교 대표로는 선발이 되었지만 본대회에서는 좋은 성적을 거두지 못했다. 중학교 3학년이 되어서도 결과는 마찬가지였다. 덕분에(?) 녀석은 과학고등학교에 진학을 하지 못하고 진로를 수정해야 했다. 그나마 불행 중 다행인 것은 고교 진학이 결정된 후 참가한 한국 수학 올림피아드 중학생 부문에서 겨우겨우 입상은 했다는 것.

나는 이 과정을 거치면서 지극히 평범한 진리를 배웠다. 사람은 대부분 자기가 추구하는 목표 이상은 이룰 수 없다는 것이다. 사람이 무언가를 잘하려면 (그게 공부든 축구든 다른 무엇이든) 우선 그걸 잘하고 싶어해야 한다. 그리고 그에 상응하는 피나는 노력이 필요하다. 그런데 수학을 잘하는 것도, 경시 대회에서 좋은 성적을 거두는 것도 모두가 아빠가 추구하는 목표였을 뿐 본인 스스로 추구한 목표가 아니었으니 거기에는 충분한 동기부여도, 어떤 절박함도, 그리고 (어쩌면 가장 중요한) '공부하는 즐거움'도 있을 수 없었던 것이다. 돌이켜보면 이 부분이 가장 후회가 되고 아이에게도 미안하다. 내가 그런 쓸데없는 욕심만 부리지 않았더라면 녀석이 수학의 진짜 즐거움을 느낄 수도 있었을텐데.

강제로 시켜서 하는 수학 공부

어느 날 아들 녀석의 작문 숙제를 훔쳐봤다. 주제는 '수학'이었다. 그리고 다음과 같이 두 개의 예문이 제시되어 있었다.

(1) 나는 수학을 잘하지만 좋아하지는 않는다. 왜냐하면……
(2) 나는 수학을 좋아하지만 잘하지는 못한다. 그래도……

나는 이런 식의 선택형 답안지에 불만이 많다. 가능한 모든 경우의 수가 제시되어 있지 않기 때문이다. 두 개의 서로 다른 동전 A와 B를 던지는 경우를 생각해보자. 몇 가지 경우가 나오는가? 당연히 네 가지가 나온다.

(1) 동전 A와 동전 B가 모두 앞면이 나오는 경우

(2) 동전 A는 앞면이 나오고 동전 B는 뒷면이 나오는 경우

(3) 동전 A는 뒷면이 나오고 동전 B는 앞면이 나오는 경우

(4) 동전 A와 동전 B가 모두 뒷면이 나오는 경우

아파트 문이나 연구실 문을 열 때, 위 아래 열쇠 구멍에 열쇠를 넣고 이리저리 여러 번 돌려봐도 안 열릴 때가 있다. 그건 같은 잘못을 계속 반복하기 때문이다. 1) 위도 오른쪽, 아래도 오른쪽, 2) 위는 오른쪽, 아래는 왼쪽, 3) 위는 왼쪽, 아래는 오른쪽, 4) 위도 왼쪽, 아래도 왼쪽, 이렇게 네 가지 경우를 차례로 시도해보면 (맞지 않는 열쇠가 아닌 한) 반드시 한 번은 열리게 되어 있다. 서로 다른 동전 두 개를 던지는 경우와 마찬가지이기 때문이다.

아들 녀석의 작문 숙제도 서로 다른 동전을 두 개 던지는 것과 본질적으로는 같은 경우이다. 동전 A의 앞면은 수학을 잘하는 경우, 뒷면은 수학을 잘 못하는 경우, 동전 B의 앞면은 수학을 좋아하는 경우, 동전 B의 뒷면은 수학을 좋아하지 않는 경우. 따라서 위에 예를 든 경우 이외에도 다음 두 가지 경우가 더 있을 수 있다. 어떤 학생은 수학을 좋아하며 잘할 것이고, 어떤 학생은 (불행히도!) 수학을 좋아하지도 않고 잘하지도 못할 것이다. 그런데 왜 두 가지 경우만 제시하고 그걸로 작문을 하라고 하는가?

나는 같은 이유로 "정직한 B학점이 부끄러운 A학점보다 낫다" 같은 구호에 별로 감동하지 않는다. 정직한 A학점은 얼마든지 가능한 일이고, 그게 부끄러운 A학점보다 훨씬 더 나을 것이기 때문이다. (물론 부끄러운 B학점이야 비교 대상도 아니다.) 도대체 모두 네 가지 경우가 있는데 왜 두 가지만 들먹이는 거야? 나 참……

어쨌든 나는 우리 아들 녀석이 당연히 그런 네 가지 경우를 생각하고 "나는 수학을 좋아하기 때문에 수학을 잘한다. 이건 모두 우리 아빠 덕분이다……" 뭐 이렇게 썼을 거라고 믿었다. 그리고 녀석은 역시 기대를 배반하지 않았다. 녀석은 이렇게 써놓았다.

"나는 수학을 잘하지만 수학을 좋아하지는 않는다. 내가 수학을 열심히 공부하는 이유는 아빠가 강제로 시키기 때문이다……"

솔직히 충격이었다. 그동안의 노력이 물거품처럼 느껴졌다. 나는 나름대로는 진지하고 성실하게 이 녀석을 위해 노력해왔다. 인생은 누구에게나 유한하다. 그 유한한 시간을 정말로 소중한 것들을 위해 적절히 배분하여 투자해야 후회 없는 인생을 살 수 있다. 그런데 인생에서 가장 효율적인 투자는 사람에게 하는 것이고, 그중에서도 자기 자식을 위한 투자가 가장 값지고 보람 있는 일이다. 따라서 아무리 힘들고 지친 날도, 심지어는 술에 취해 정신없이 들어온 날도, 나는 반드시 (음, 거의 대부분의 경우……) 녀석이 풀어놓은 수학 문제들을 채점하고 힌트를 주고 해설을 달아놓았다. 그런데 이 모든 것이 아빠가 강제로 시켜서 억지로 하는 공부였다니……

그렇다고 이대로 물러설 수는 없었다. 물론 아이가 스스로 공부하고 훈련하는 걸 좋아한다면 그처럼 반가운 일은 없을 것이다. 그렇지만 어린아이에게서 (사실은 대부분의 어른에게서도) 그런 '자율적인 엄격함'을 기대할 수는 없다. 당장 나 자신을 돌이켜보아도 공부하는 건 별로 좋아하지 않는 것 같다. 지금도 공부하는 틈틈이 조금이라도 여유가 생기면 놀 궁리만 한다. 하물며 어린아이에게 무얼 기대하랴? 내게 이만큼이나마 자율적인 엄격함이 있는 것은 모두 어린 시절 호랑이 아버지 밑에서 혹독한 조련을 받았기 때문이다.

따라서 이 녀석의 장래를 위해서라도 이 정도의 난관에 굴복할 수는 없다고 생각했다.

그리고 나는 너무나 많이 보아왔다. 어린 시절엔 부모의 강압적 훈련에 불만을 품었다가도 나중에 자라서는 그 덕분에 훌륭한 능력을 갖추게 되었다고 고마워하는 경우를. 피아노 레슨 같은 것이 대표적이다. 어린 시절엔 누구나 피아노 레슨 받는 것을 싫어한다. 그래서 도중에 그만두는 경우가 많다. (우리 아이는 '도중'이라는 표현도 쓰기 민망할 만큼 일찌감치 그만두었다.) 그러나 이런 온갖 '난관'을 헤치고 끈질기게 아이를 못살게 굴면, 세계적인 피아니스트는 못 되더라도 피아노를 치며 자신의 감성을 표현할 줄 알 만큼의 성공은 거둘 수 있다. 나는 그런 구체적인 예를 여럿 알고 있다. 더구나 이건 피아노가 아니라 수학이 아닌가. 피아노를 칠 줄 모르는 아들 녀석은 인내할 수 있지만 수학을 못하는 아들 녀석은 도저히 용납할 수 없다. 게다가 여기서 그만두는 것은 뭐랄까 부모가 자기 혼자만 편해지려고 하는 것이지 진정으로 아이의 장래를 위해 그러는 게 아니라는 자못 '도덕적인(?)' 생각까지 들었다. 그러므로 절대로 이쪽에서 그만둘 수는 없었다.

문제는, 아무리 되씹어보아도 이런 내 생각이 객관적인 설득력이 떨어진다는 것이었다. 조금 전에 말했듯이 '어린 시절엔 불만을 품었다가도 나중에 고마움을 느끼는 경우'는 물론 아주 많이 있다. 그런데 '어린 시절에는 불만 정도였는데 나중에는 아예 혐오감으로 발전한 경우'는 그보다 더 많다. 이건 피아노건 수학이건 공통적인 현상이다. 그런데 어떻게 무작정 밀어붙이겠는가? 이러다가 수학이 아예 싫어지면 정말 큰일이 아닌가? 그야말로 진퇴양난이었다.

나는 정말 오랜 시간 고민한 끝에 결론을 내렸다. 자기가 하기 싫은 일을 강제로 아무리 시켜봐야 말짱 헛일이다. 그렇지만 수학은 (순전히 나 혼자만의 판단이지만) 벌써 포기하기에는 인생에서 너무나 중요하다. 그리고 이 녀석이 순간적으로 하기 싫어서 이런 생각을 하는 건지 정말로 수학이 싫어져서 그러는 건지를 판단하기에는 아직 너무 이르다. 그러므로 나는 지금까지처럼, 아니 지금보다 더 열심히 이 녀석을 '지도편달' 해야 한다. 그러다가 이 녀석이 정말로 뼛속까지 수학이 싫어져서 나의 지도편달을 거부한다면 그때 그만두어도 늦지 않다.

이렇게 결론을 내린 나는 호시탐탐 녀석의 허점을 파고들 기회를 노렸다.

"윤구야, 아빠랑 수학 공부하는 게 싫으면 언제든지 말해도 좋다. 그땐 다른 방법을 생각해보자."

녀석은 내가 자기를 학원에 다니라고 할까봐 겁을 먹은 모양이었다.

"나는 아빠랑 공부하는 게 좋아요."

그야말로 강제로 자신을 안심시킨 나는 불안해하면서도 '마이 웨이'를 밀고 나갔다.

몇 년이 흘러 녀석이 고등학생이 되었다. 어느 날 훔쳐본 녀석의 영어 작문 숙제에는 이렇게 적혀 있었다.

I am quite good at mathematics. I was forced to study mathematics since when I was very young because my father is a math professor······ (나는 수학을 상당히 잘한다. 나는 아주 어렸을 때

부터 강제로 수학을 공부했다. 우리 아빠가 수학교수이기 때문이다……)

도대체 내 인생은 나아질 기미가 보이질 않고 있었다. 그래도 나는 아직은 포기할 때가 아니라고 다짐했다. (이 정도는 사실 충격도 아니다.) 그렇지만…… 그 글을 읽고 난 며칠 후에는 갑자기 불안해져서 은근히 떠보았다.
"윤구야, 너 수학이 싫으냐?"
"으~(→)으~~(↗)응~~~(↘)"
고개를 흔들며 그랬으니 "아니요"라는 뜻이겠지?

가까이 하기엔 너무 먼 당신

내가 수학을 본격적으로 좋아하기 시작한 것은 중학교 2학년 때 '삼각형의 합동'과 같은 평면기하학의 기초 지식을 배우면서부터였다. 평면 도형의 여러 가지 성질들을 사용하여 이런저런 정리들을 증명하는 과정이 매우 재미있었다. 기하학적인 직관과 논리적 엄밀함이 함께 어우러진 모습이 매력적이었던 것 같다.

내가 우리 아들아이에게 풀이 과정을 종이에 쓰기를 요구하기 시작한 것이 바로 녀석이 이 부분을 공부할 때부터였다. 아이가 초등학교 과정을 공부할 때는 비교적 자유롭게 놓아두었다. 식은 쓰지 않고 머릿속에서 우당탕 쿵쾅 무언가를 한 뒤에, 또는 문제집의 여백에 뭐가 뭔지 알아볼 수 없는 낙서를 한 뒤에 그냥 답만 달랑 적어놓아도 대부분 용서(?)해주었다. 웬만한 계산은 굳이 손을 댈 것 없이 머릿속에서 하는 것도 괜찮다는 생각이었고, 또 그 정도를 가지고 문제를 푸는 과정이라고 부르기엔 너무나 간단해 보였기 때문이다.

그러나 중학교 과정을 공부하기 시작하면서 어떤 정리를 증명하는데 머릿속으로만 생각해보고 "아항, 알았다" 한다든지, 증명 과정으로 '짐작되는' 것을 문제집의 여백에 적당히 끼적거려놓고 증명을 찾았다고 '페르마 흉내(페르마는 디오판투스의 책 『산술 Arithmetica』을 읽다가 '페르마의 마지막 정리'를 발견하고 책의 여백에 "나는 이 정리의 놀랄 만한 증명을 발견했는데 여백이 너무 작아서 쓸 수가 없다"고 적어놓았다. 이 정리는 360여 년이 흐른 뒤인 1995년 프린스턴 대학교의 앤드루 와일즈 교수가 증명에 성공하였다)'를 내는 것을 그냥 두고 볼 수는 없는 노릇이었다. 녀석은 웬만한 문제는 전처럼 문제집 여백에 이것저것 끼적거리다가 답만 적어놓았지만 뭔가 증명이 필요하거나 풀이에 설명이 필요한 것들은 "종이에!"라고 적은 후 따로 준비한 종이에 풀이를 써놓곤 했다. 나는 야금야금 '적진(?)'을 침투해 들어가 고등학교 과정을 시작할 때쯤엔 모든 풀이를 종이에 쓰도록 했다.

그런데 유리수와 무리수를 공부할 때는 '조금(!)' 문제가 생겼다. 아들아이의 풀이를 읽어보며 계산은 다 맞지만 뭔가 엄밀함이 부족하다는 것을 느낀 것이다. 그렇다고 해서 그것보다 '조금 더 엄밀한' 풀이를 요구할 수도 없었다. 거기서 '조금 더' 엄밀해지려면 사실은 수준을 '왕창' 높여야 하기 때문이다.

도대체 무슨 얘기를 하는 건지 조금 더 자세히 알아보자. '유리수'란 중학 시절에 배운 대로 $\frac{a}{b}$(a, b는 서로 소인 정수)의 꼴로 나타낼 수 있는 실수를 말한다. 그러니까 '정수 분의 정수' 꼴로 나타낼 수 있는 실수가 유리수이다. '무리수' 는 유리수가 아닌 실수를 뜻한다. 여기까지는 괜찮다. 문제가 생기기 시작한 것은 유리수와 무리수의 '소수 표현(decimal expression)' 이었다. 유리수를 소수로 표현하면 '유한소수' 또는 '순환하는 무한소수' 가 나온다. 예를 들어 $\frac{2}{5}=0.4$ 이고 $\frac{1}{3}=0.33333\cdots$ 이며 $\frac{1}{7}=0.142857\cdots$ 인데 '…' 부분은 숫자들이 주기적으로 반복되므로 어떤 숫자들이 나올지 예측할 수가 있다. 반면에 무리수를 소수로 표현하면 '순환하지 않는 무한소수' 가 나온다. 예를 들어 $\sqrt{2}=1.4142\cdots$ 이지만 '…' 부분에 뭐가 나올지는 그때그때 계산해보지 않으면 알 수가 없다.

여기서 첫번째 의문은 유리수를 소수로 표현하면 어째서 유한소수나 순환하는 무한소수가 나오는가 하는 것이다. 중학교 과정에서는 그 이유를 설명하지 않는 것 같다. 생각보다는 약간 까다롭기 때문일 것이다. 두번째 의문은 유한소수나 순환하는 무한소수를 어떻게 분수로 나타내는가 하는 것이다. 이건 중학교 과정에 설명이 잘 나타나 있다. 유한소수의 경우는 쉽다.
$0.4 = \frac{4}{10} = \frac{2}{5}$, $0.528 = \frac{528}{1000} = \frac{66}{125}$, … 뭐, 이렇게 하면 된다. 그러나 순환하는 무한소수의 경우는 조금 어렵다. 대표적인 방법은 다음과 같다. 예를 들어 $0.3333\cdots$을 분수로 나타내보자. 우선 x를 $0.3333\cdots$이라고 놓는다. 그럼 $10x$는 $3.3333\cdots$이 된다. 그러므로 두 수의 차를 계산해보면 $9x = 3$ 이 나온다. (사실은 이 부분에 '약간의' 논리적 구멍이 있다.) 그러므로 $x = \frac{3}{9} = \frac{1}{3}$ 이 된다.

문제는 바로 이 부분이다. 위와 같은 방법으로 $0.9999\cdots$를 계산하면 이상하게도 1이 나온다. 아무리 여러 번 다시 계산해도 답은 계속 1이 나온다. 나는 중학교 2학년 때 이게 너무나 이상했다. 아니,

이거 이상하잖아? 0.9999… 이렇게 아무리 계속 간다고 해도 1보다는 틀림없이 작을 것 같은데 왜 1이 나올까? 견디다 못한 나는 선생님께 질문을 올렸다.

"아니, 선생님, 이게 왜 자꾸 1이 나올까요?"

선생님께서는 다음과 같이 설명해주셨다. $x = 0.9999\cdots$(이렇게 무한히 나가는 것)라고 하자. x가 1보다 크지 않다는 것은 이미 알고 있다. 만일 x가 1보다 작다면 1과 x의 차이가 양수일 것이다. 그러니까 $a = 1 - x > 0$ 이다. 그런데 만일 N이 아주 큰 수라면 $\frac{1}{10^N}$이 a보다 작게 될 것이다. 이럴 경우 $y = 0.9999\cdots9$(9가 N개)라고 하면 $1 - y = \frac{1}{10^N}$ 인데 이게 a보다 작다. 즉, $1 - y < a = 1 - x$ 가 된다. 이건 $x < y$ 라는 얘기다. 그런데 x가 y보다 큰 것은 명백하지 않은가? 이건 모순이다. 그러므로 x는 1보다 작지 않다. 따라서 $x = 1$ 이다.

그때 나는 선생님의 말씀을 완전히 이해하지는 못했다. 어디 한 군데 틀린 곳은 없는 것 같은데 가슴 깊이 납득하지는 못했다. 그런데 세월이 흘러 생각해보니 선생님께서는 그때 몇 가지 아주 중요한 것들을 가르쳐주셨다는 것을 깨닫게 되었다. 우선 선생님은 소위 '귀류법'(또는 '모순법')을 쓴 것이었다. 어떤 명제를 증명할 때 먼저 그 명제의 결론을 부정해보고, 그럴 경우 논리적 모순이 생긴다는 것을 보임으로써 원래의 결론이 참임을 증명하는 방법이 바로 귀류법이다. 예를 들어 $\sqrt{2}$가 무리수라는 것을 증명할 때 우리는 "만일 $\sqrt{2}$가 유리수라면……" 이렇게 시작하여 모순을 이끌어내는 귀류법을 쓴다. 수학적 명제는 참이 아니면 거짓이고, 거짓이 아니면 참이라는 '이분법적 사고', '흑백논리적 사고'에 바탕을 둔 것이다.

처음에는 익숙하지 않기 때문에 가슴 깊이 받아들이기가 쉽지 않다. 인생은 '예(Yes)'와 '아니요(No)'뿐만 아니라 수없이 많은 '아마도(Maybe)'가 있는데 이 논법이 쉽게 받아들여질 리가 없다. 그러나 이 논법이 자연스럽게 느껴질 때 우리는 비로소 '고등 수학'을 이해하기 시작했다고 말할 수 있을 것이다. 귀류법은 어떤 의미에서는 수학의 가능성과 한계를 모두 나타내주는 것이기 때문이다. 언제부터 이 논법이 내게도 자연스럽게 느껴졌는지는 기억이 잘 나지 않는다. 어쨌든 중학교 2학년 때는 아니었다.

둘째, 선생님께서는 두 실수 x, y 사이에는 $x < y$ 또는 $x = y$ 또는 $x > y$, 이렇게 세 가지 관계 중의 하나가, 그리고 단 하나만이 성립한다는 것을 이용하셨다. 이건 실수의 성질 중에 아주 아주 중요한 것이다. (참고로 복소수엔 이런 성질이 없다.)

셋째, 선생님께서는 '극한'의 개념을, 그것도 엄밀한 의미에서의 극한의 개념을 사용하셨다. (대학교 수준에서는 이걸 엡실론-델타 ε-δ 논법이라고 한다.) 그러니까 선생님께서는

$$0.9999\cdots = 9 \times \frac{1}{10} + 9 \times \frac{1}{10^2} + 9 \times \frac{1}{10^3} + \cdots$$

라는 사실을 환기시키고, 이 무한 급수가 1로 '수렴한다'는 것을 '엄밀하게' 증명하셨던 것이다.

내가 이렇게 수준 높은 증명을 제대로 이해하기까지 상당한 시간이 필요했던 것은 당연한 일이다. 따라서 우리 아들 녀석에게 이렇게 '엄밀한' 증명을 기대할 수는 없다. 그래도 나는 불만이다. 왜 이 녀석은 $0.9999\cdots = 1$이라는 계산 결과를 보고도 뭔가 이상하다는 생

각을 품지 않느냐는 것이다. 이게 뭔가 이상하다는 생각이 들어야 더욱 깊이 있는 얘기를 할 수가 있는 거잖아? 수학자의 아들이면 뭔가 수학적인 질문이 저절로(!) 우러나와야 하는 거 아냐? 참을성과는 거리가 먼 나는 이미 고등학생이 된 아들 녀석에게 물었다.

"0.9999…가 얼마냐?"

"1이요."

"그게 왜 그러냐?"

"x가 0.9999…라면 $10x=9.9999…$이니까 $9x=9$. 따라서 $x=1$."

"그거 좀 이상하지 않니?"

"뭐가요?"

"다시 한번 봐."

"아, $0.9999\cdots = 9\times 10^{-1} + 9\times 10^{-2} + 9\times 10^{-3} + \cdots = \dfrac{\frac{9}{10}}{1-\frac{1}{10}} = 1$"

"아까보다는 조금 낫다. 그런데 무한등비급수 공식을 쓰지 않고 이게 왜 1인지 증명할 수 있어?"

"글쎄……?"

나는 아들 녀석에게 30년 전 우리 선생님의 설명을 들려주었다. '극한'이란 이렇게 정의해야 엄밀하다. 이런 방식으로 무한등비급수 공식을 한번 증명해봐라. 이걸 한 번만 하고 나면 그동안 불안했던 마음이 편안하게 안정된다. 기타 등등…… 그런데 녀석은 별다른 호기심을 보이는 것 같지 않았다. ("이거 시험에 나와요?" 하고 묻지는 않았으니 그나마 다행인 걸까?) 나는 다음 얘기까지는 해주고 싶었는데……

어떤 사람들은 극한이란 '가까이 하기엔 너무 먼 당신', '한없이 가까워지기는 하지만 절대로 같지는 않은 것'이라고 말한다. 그러나 내 생각엔 극한이란 '다르다고 하기엔 너무나 가까운 당신', '한없이 가까워지니까 그냥 같아져버린 당신'이다⋯⋯ 그런데 아들 녀석이 어디 준비가 돼 있어야 말이지. 할 수 없다. 언젠가 기회를 봐서 '제논의 역설'에 대한 이야기를 나누고, 그게 왜 '억설(=억지 이론)'인지를 설명해보라고 해야겠다. 어쩌면 이 녀석이야말로 '가까이 하기엔 너무 먼 당신'일지 모르지만, 이걸 반드시 '다르다고 하기엔 너무나 가까운 당신'으로 바꿔놓아야지. 하자! 할 수 있다!! 하면 된다!!! 아자!!!!

수학을 잘하는 비결?

얼마 전 외국 출장을 마치고 돌아오는 길에 기내 서비스 팀장님과 제법 심각한 얘기를 나누게 됐다. 그분의 아드님이 이제 고등학생이 되는데 도대체 어떻게 하면 수학을 잘할 수 있는지 그 비결을 좀 가르쳐달라는 것이다. 나는 속으로 생각했다. "아이고, 형님. 제가 그걸 알면 얼마나 좋겠습니까? 저도 제 아들놈 때문에 미칠 지경입니다." 그러나 그분은 이미 내 직업을 알고 마음먹고 달려든 판이라 쉽게 도망칠 수가 없었다. (비행기 안에서 도망을 가봤자 어디로 가겠는가?) 할 수 없이 내 '희망 사항'을 정리해서 말씀드렸다.

첫째, 하루에 적어도 다섯 문제 이상은 풀어야 한다. 수학은 운동과 비슷한 면이 있어서 하루라도 '운동'을 빠뜨리면 '머리의 근육'이 다 풀어진다. 이렇게 다 풀려버린 머리의 근육이 다시 일정한 강도를 회복하려면 시간이 오래 걸린다. 그러니까 하루라도 '운동'을 빼먹으면 안 된다.

둘째, 수학 공부를 할 때에는 무조건 많은 문제를 풀려고 할 게 아니라 다만 몇 문제를 풀더라도 문제 풀이의 원리와 과정을 확실히 이해하도록 해야 한다. 특히 해답이나 노트를 보지 않고 스스로 문제를 풀 수 있어야 한다. "수업 시간에 선생님이 푸는 걸 볼 때는 다 이해하는데 혼자 해보려고 하면 잘 안 돼요." 이게 바로 수학을 잘 못하는 사람들의 공통점이다. 다른 사람이 푸는 걸 보기만 해서는 안 된다. 하루에 많은 문제를 풀지 않아도 좋으니까 (그렇지만 적어도 다섯 문제 이상!) 반드시 혼자 힘으로 문제를 푸는 훈련을 해야 한다.

셋째, 처음부터 너무 어려운 문제를 붙잡고 끙끙대지 말고 수준에 맞는 문제를 푸는 게 좋다. 성적이 상위권이 아닌 경우에는 교과서의 기본 문제, 참고서의 필수 예제 정도만 확실히 이해해도 비교적 짧은 시간에 수학 성적을 현저히 향상시킬 수 있다. 성적이 상위권인 학생의 경우에도 교과서나 참고서의 모든 문제를 다 풀어봐야 한다는 강박관념은 인생에 도움이 되질 않는다. 어떤 학생들은 문제란 문제는 다 풀어보고 그 풀이 과정을 아예 암기하려 드는데, 이건 정말 어리석은 짓이다. 그런 일은 가능하지도 바람직하지도 않다. 여기서 주의할 점은 '수준에 맞는 문제'가 '쉽게 풀 수 있는 문제'를 뜻하는 게 아니라는 것이다. 굳이 설명하자면 '언뜻 봐서는 도저히 풀 수 없을 줄 알았는데 교과서의 기본 원리를 다시 들여다보며 가만히 생각해보니 풀이가 떠오르는 문제' 정도가 아닐까? 바로 이런 문제를 풀어야 수학 실력을 끌어올릴 수 있다.

넷째, 대부분의 평가가 객관식인 지금 모든 문제를 그렇게 풀 수는 없겠지만, 문제 풀이 과정을 차근차근 적어보는 습관을 들이는 것이 좋다. 이렇게 해야 본인이 어떤 부분을 제대로 이해하고 있는지, 그리고 어떤 부분에 대한 이해가 미흡한지를 확실히 알 수 있다. 특히 성적이 우수한 학생의 경우 이 방법이 매우 효과적이다.

다섯째, 일주일에 한두 번 정도는 '실전 연습'을 해보는 게 좋다. 축구 코치들은 '연습은 실전같이, 실전은 연습같이'라는 경구를 자주 사용한다. 연습 때는 실전처럼 집중해서 훈련을 하고, 실전에서는 연습할 때처럼 평온한 마음으로 임해야 제대로 실력 발휘를 할 수 있다는 얘기다. 실제로 연습 때는 펠레가 부럽지 않을 만큼 잘하다가도 막상 실전에서는 지나치게 긴장해서 어처구니없는 실수를 저지르는 선수가 상당히 많다. 수학도 마찬가지다. 평소에는 가우스 저리 가라 할 만큼 잘 풀다가도 막상 시험 때가 되면 '머리가 그냥 텅 비어버리는' 학생들이 많다. 이런 문제점은 평소에 충분한 '실전 연습'을 해서 극복하는 수밖에 없다.

여섯째, 한 학기에 한 달쯤은 '수학에 미쳐보는' 것도 좋다. 정신이 맑은 시간의 대부분을 수학 공부에 집중적으로 쏟아붓는 '수학 유격 훈련(?)'을 거치고 나면 수학 실력이 부쩍 올라간 것을 느낄 수 있고 그만큼 자신감도 생긴다. 일단 자신감이 생기면 그 다음은 (일사천리는 아니더라도) 훨씬 수월해진다. 자신감은 수학뿐만 아니라 모든 공부의 기본이다.

일곱째, 무슨 일을 하더라도 아무렇게나 무조건 시작할 수는 없으니 학교 수학 선생님 같은 '전문가'와 상담을 해서 아이에게 가장 적절한 프로그램을 짜는 게 좋다. 수학 공부도 '체질'에 맞춰 해야 한다. 다른 사람에게 좋다고 해서 우리 아이에게도 반드시 좋은 건 아니다. (음, 무슨 '사상四象 수학' 같은 얘기가 돼 버렸나?)

이렇게 원칙을 정하고 아이에게 알맞은 계획을 세운 다음에는 그 계획을 믿고 충실히 실천하는 게 중요하다. 우리 한번 학창 시절을 떠올려보자. 시험을 앞두고 열심히 국어 공부를 하고 있는데 옆 친구가 영어 공부를 하는 게 눈에 들어오면 그때부터 영어 공부가 걱정이 된다. 이것 참 나는 아직 모르는 단어도 많이 있고 중요한 문법도 제대로 이해하지 못했는데 웬 국어 공부냐 하는 생각이 들며 슬며시 영어책을 집어든다. 영어 공부를 시작한 것도 잠시, 다시 주위를 둘러보면 다른 친구는 수학 공부를 하고 있다. 나는 아직 교과서 내용도 잘 모르겠는데 녀석은 어렵기로 소문난 참고서를 들고 있다. 이런 젠장! 나는 지금 수학을 공부해야 해! 내겐 수학이 쥐약이잖아? 이러면서 영어책을 덮고 수학책을 펴는 순간…… 다들 짐작할 수 있을 것이다. 이번엔 다시 국어 공부가 걱정이 된다는 것을.

학부모가 된 지금도 사정은 달라지지 않은 것 같다. 도시 생활은 각박하고 삭막해서 이웃도 모른다는데 아이들 교육과 관련해서는 왜 그렇게 옆집도 많고 건넛집도 많은지…… 그리고 그렇게 쉴새없이 따라 해도 그 많은 옆집, 건넛집들은 무슨 수로 그렇게 나날이 새롭고 다양한 프로그램을 개발해서 우리 집마저 불안하게 만드는 건지…… 그런데 이렇게 '용하다'는 소문을 따라 옆집, 건넛집 따라 하는 것이 바로 '망하는 지름길'인 것이다.

고등과학원(Korea Institute for Advanced Study)은 우리나라 기초과학 연구를 세계적인 수준으로 끌어올리겠다는 야심만만한 포부를 가지고 설립된 기초과학 연구 기관이다. 1996년 10월 고등과학원이 출범할 때 수학부 석학교수로 취임한 에핌 젤마노프(Efim Zelmanov) 교수(1994년 필즈 메달 수상자)의 기자회견이 열렸다. 그때 어느 기자가 누구나 궁금해하지만 차마 물어보지는 못하는 용감무쌍한 질문을 던졌다.

"수학을 잘하는 비결이 뭡니까?"

젤마노프 교수가 순간 황당하다는 표정을 짓더니 농담으로 반격을 가했다.

"그런 거 알고 있으면 나 좀 가르쳐주세요(If you know the answer, please let me know)."

장내가 웃음바다로 변했다가 잠잠해질 무렵 젤마노프 교수가 진지한 어조로 덧붙였다.

"최대한 유행에 저항해야 합니다(Resist the fashion as much as possible)."

"자신이 하고 있는 일이 중요하다고 믿어야 합니다(Believe what you are doing is important)."

나는 항상 이 두 마디를 가슴에 새겨두고 마음이 흔들릴 때마다 떠올리곤 한다. 새로운 이론을 만들어내고 그에 걸맞은 정리를 증명해야 하는 직업 수학자들은 때때로 불안하고 초조해한다. 자신이 하는 일은 시대와 유행에 뒤떨어진 시시한 일 같고 다른 사람이 하는 일은 근사해 보일 때가 많기 때문이다. 그런데 그렇다고 해서 다른 사람들이 하는 대로 유행을 따라가보면 이미 여러 수학자들의 도전으로 그 분야가 '초토화(?)' 돼 있어서 자신이 할 만한 일은 남아 있지 않을 경우가 많다. 그리고 상당히 많은 경우는 그 '다른 사람들' 마저도 더는 그 분야를 연구하고 있지 않는 경우가 많다. 남의 뒤만 따라가다보면 이렇게 '배신'을 당하게 마련이다. 실제로 직업수학자들이 수학적 업적을 평가할 때 가장 중요하게 여기는 것이 바로 '독창성(originality)'이다. 젤마노프 교수의 언급은 핵심을 꿰뚫고 있는 것이다.

아이들을 가르치는 것도 마찬가지라고 생각한다. 물론 전문가의 상담을 거쳐 아이에게 적절한 프로그램을 짜는 것은 매우 중요하다. 그러나 아무리 잘 세운 계획이라도 부모부터 도중에 흔들리게 되면 그 결과가 어떻게 될지는 '안 봐도 비디오' 아닐까?

앗, 그런데 큰일 날 뻔했다. 아주아주 중요한 것 한 가지를 빼먹을 뻔했다. TV 앞에서 다섯 시간 공부하는 것보다 방에 틀어박혀 조용히 집중해서 두 시간 공부하는 것이 백배천배 낫다. 이 원고를 쓰고 있는 순간에도 우리 아들 녀석은 하루 종일 놀다가 겨우 TV 앞에 엎드려(!) 수학 공부를 하는 척 폼을 잡고 있었다. 엄마가 참다 못해 TV 끄고 제대로 공부하라고 잔소리를 하자 짐승처럼 괴성을 질러대는 것이었다.

"아이 참!! 자꾸 공부하라고 하면 공부하려다가도 하기 싫어진다니까!!!"

(잘났쇼~~~!!)

수학을 공부하는 재미

어느 해 대학원 입학시험 구술고사에서 어느 수험생에게 이렇게 물어봤다.

"학부 시절 제일 재미있었던 정리가 뭐죠?"

나는 그 친구가 자기가 흥미를 느꼈던 정리의 이름을 대면, 그 정리의 내용은 무엇이냐, 관련된 용어의 정의는 확실히 알고 있느냐, 그 정리의 수학적 의미는 무엇이냐, 증명은 어떻게 하느냐, 그 정리의 응용은 무엇이냐 등등을 줄줄이 물어볼 작정이었다. 그런데 뜻밖의 대답이 돌아왔다.

"공부는 재미로 하는 것이 아니라고 생각합니다."

아니, 재미가 없으면 어떻게 공부를 할까? 당황한 나는 그래도 뭔가 흥미를 느낀 정리가 있을 것 아니냐고 다시 물었다. 그러나 그 친구는 요지부동이었다. 공부는 심각하고 진지하게 해야지 그렇게 가벼운 마음으로 게임을 즐기듯 할 수는 없는 거라는 주장이었다. 나는 속으로 투덜댔다. 나 참, 누가 진지하게 공부하지 말라고 했나? 그래도 그렇지, 재미도 없는 걸 어떻게 평생 하냐? 그런데 이제 와 생각해보니 우리 둘 사이에는 '재미'(또는 '흥미')라는 단어의 정의가 달랐던 것 같다. 나는 공부하면서 어떤 짜릿한 흥분이나 감동을 느꼈던 정리를 물어본 것이고, 그 친구는 '재미'를 어린아이가 장난감 가지고 놀 때 느끼는 것 정도로 생각했던 모양이다. (음, 어느 쪽이 더 짜릿한지 갑자기 자신이 없어진다.)

내가 대학원에 진학하여 2년쯤 지났을 때의 일이다. 그때 나는 자격시험을 통과한 지 1년여가 지난 뒤여서, 이제는 나도 뭔가 논문 주제를 잡고 소위 '연구 활동'이란 걸 해야 하지 않을까 생각했다. 그래서 지도 교수님을 찾아뵙고, 지금 생각하면 너무나 한심한 질문을 드렸다.

"선생님, 박사학위 논문 주제는 어떤 걸 하면 좋을까요?"

선생님께서는 세상에 이런 한심한 질문은 처음 듣는다는 표정으로 나를 잠시 물끄러미 바라보시더니 도대체 그걸 질문이라고 꺼내놓느냐는 투로 대답하셨다.

"뭐든 네게 재미있는 걸 하는 거지(Whatever is interesting to you)."

이때 우리 선생님께서는 어떤 의미로 '재미(interesting)'라는 단어를 사용하셨던 걸까? 그건 분명히 '가벼운 마음으로 게임을 즐길 때 얻을 수 있는 재미'는 아니었다. 나는 그 의미를 '뭔가 매력이 느껴지는 주제, 도전 의식과 승부 근성을 자극하는 주제, 가슴 깊이 숨어 있는 뜨거운 열정을 끓어오르게 만드는 주제'라고 해석했다.

나는 누가 뭐래도 공부는 재미가 있어야 한다고 믿는 사람이다.

아무리 수학이 우리 생활에 중요하고 또 필요하다고 해도 재미도 없는 걸 어떻게 열심히 하겠는가? 그리고 실제로 수학은 아주 재미 있는 과목이다. 그러나 '재미'(또는 '흥미')라는 단어의 의미는 '그때 그때 다르다'는 걸 강조하고 싶다. (어떤 일을 '즐긴다enjoy'고 할 때에도 마찬가지다.)

늘 그랬듯이 축구를 예로 들어보자. 어린 시절에는 공만 던져주면 '어린아이처럼' 즐겁게 뛰어논다. 아무 생각 없이 그저 공놀이를 즐기는 것이다. 그러다가 조금 수준이 올라가면 재미의 수준이 달라진다. 일단은 승부를 걸어야 재미를 느낀다. 그리고 이기는 걸 즐기게 된다. 그런데 이보다 좀더 수준이 올라가면 그냥 이기고 지는 것보다는 뭔가 그럴듯한 게임을 하고 싶어진다. 골대도 버젓이 갖추고, 심판도 있어서 반칙을 했을 때는 프리킥도 선언하는 제대로 된 게임을 원한다. 그 다음에는 바로 그런 그럴듯한 게임을 해서 이기고 싶어한다. 물론 그 다음 수준도 있다. 이왕이면 각 팀이 유니폼도 갖춰 입고, 선심도 둬서 오프사이드 규정도 지키고(그래서 오프사이드 트랩도 쓸 수 있고), 스로인 반칙 같은 것도 지적하며, 이왕이면 잔디 구장에서 폼 나는 게임을 하고 싶어한다. 오프사이드를 불지 않는 게임은 하기도 싫어진다. 그럼 그 다음 단계에는? 바로 그런 폼 나는 게임을 이기고 싶어한다. 이왕이면 정정당당한 방법으로, 작전이나 전술 면에서도 완벽하게 이긴다면 금상첨화일 것이다. 우리는 이런 얘기를 한도 끝도 없이 계속할 수 있다. 이렇게 축구를 하는 데에도 한 단계 수준이 높아질 때마다 새로운 재미가 있고 축구를 '즐긴다'는 의미도 달라지는 것이다.

'수학을 공부하는 재미'도 마찬가지다. 자신이 알고 있는 지식의 깊이와 넓이에 따라, 그리고 그 수준에 따라 수없이 다양한 모습을 띤다. 유치원생일 때는 초콜릿과 사탕의 개수를 세는 재미가 있다면, 초등학교 저학년일 때는 '100점 맞는 재미'가 쏠쏠하다. 초등학교 고학년이 되면 원의 넓이를 이용하여 다양한 문제를 푸는 재미가 있고, 중학생이 되면 평면기하를 배우며 소위 '증명'이라는 걸 해보는 재미가 있다. 고등학생이 되면 인수분해, 수열과 급수, 지수와 로그 등 '고등 수학'을 배우는 재미가 있고, 드디어 미적분학을 배우고 나면 미분법의 막강함에 놀라고, '미적분학의 기본 정리'의 눈부신 모습에 감동하게 된다. 우리는 이런 얘기 또한 한도 끝도 없이 계속할 수 있다.

그러므로 수학을 가르치는 사람은 학생의 관심과 발달 단계에 따라 적절한 수준의 재미를 제시해야 한다. 학생의 수준은 생각하지도 않고 지나치게 어려운 내용으로 사람을 겁먹게 만들면서 "이것이 바로 수학의 진수(眞髓)"라고 아무리 떠들어봐야 아무도 알아주지 않는다. 반면에 '눈높이 교육'의 의미를 착각하여 학생의 수준을 끌어올릴 노력은 하지 않고 아이 수준에 머물러 서 있으면서 탱자탱자 노는 것은 그야말로 유치찬란한 일이다.

한편 학생도 스스로 성장해가면서 새로운 단계의 재미, 새로운 수준의 감동을 찾으려는 '지적 호기심'을 가져야 한다. 그리고 새로운 재미를 맛보기 위해서는 그만큼의 대가를 치러야 한다는 것을 알아야 한다. '수학을 공부하는 재미'는 저절로 얻어지는 것이 아니라 그 재미를 절실히 원하는 사람이 충분한 희생과 헌신을 쏟아부었을 때 비로소 허락되는 것이기 때문이다.

한국 교육과 미국 교육

얼마 전 아들아이에게 물어봤다.

"한국 학교랑 미국 학교랑 수학 시간이 어떻게 다른 것 같으냐?"

"글쎄요…… 별로 다른 게 없는 것 같은데?"

아들아이는 우선 미국에서 학교 다니던 기억이 잘 안 난다고 했다. 초등학교 5학년과 6학년을 한 학기씩 다녔는데 기억이 잘 안 난다니, 나 참. 그나마 조금 기억이 나는 걸 되살려봐도 교실이 뻥 뚫려 있던 것을 제외하면 (적어도 수학 시간은) 별로 다른 것이 없는 것 같다고 했다. 딸아이는 1학년 한 학기만 다녔으니 말할 것도 없다. 셸리(Shelly)라는 중국인 친구 이름을 아직도 기억하는 게 놀라울 따름이다.

우리는 1999년에 미국에서 1년 동안 생활했다. 그때 우리 아이들이 다녔던 학교는 소위 '열린 교육(open education)'을 실천하는 학교였다. 그래서 아마 교실이 뻥 뚫려 있었을 것이다. 내가 학교를 다닌 게 아니니 뭐라 할 말은 없지만 나도 우리나라 학교와 그리 커다란 차이를 느꼈던 것 같지는 않다. 아이의 사회 숙제를 도와주느라고 '알라모 전투' 같은 미국 역사를 조금 공부하며, 또 대통령 중심제와 내각 책임제의 차이를 설명해주며, "뭐야, 이거? 여기도 숙제 많이 내주잖아?" 하며 투덜거렸던 기억은 난다. 아, 그리고 한 달 정도 지나 수학 시간엔 자리를 이동하여 다른 반에 가서 수업을 한다는 얘기를 듣고 "무슨 열린 교육이 이래? 우열반을 나누는 거잖아?" 하며 의아해했던 기억도 난다. 아이들 담임 선생님과 면담했을 때 그 부분에 대해 물어봤더니 "우열반은 아니다. 진도는 원칙적으로 같고, 학생의 수준에 따라 풀어주는 문제가 다른 수준별 학습이다. 그러니까 '속도'는 같고 '깊이'에서 차이가 난다." 뭐, 이런 대답을 들었다. (그게 그거지 뭐.) 어쨌든 우리 아들아이는 수업이 영어로 진행된다는 것을 제외하면 우리나라나 미국이나 (수학 시간만큼은) 별 차이를 못 느꼈던 것 같다.

나는 1985년부터 1994년까지 대학원생으로 5년, 그리고 전임강사 및 조교수로 4년을 미국에서 보냈다. 1987년부터는 조교가 아니라 시간강사로 직접 수업을 했으니까 미국식 대학 교육은 어느 정도 경험한 셈이다. 그런데 나 역시 아들아이와 마찬가지로 두 나라의 교육방식이나 추구하는 이상에서 큰 차이를 느끼지는 못했다. (1999년엔 대학원 강의만 했으므로 그 차이가 더욱 작아 보였을 것이다.) 어떤 사람들은 우리나라에서는 수학을 시험 위주, 암기 위주로 가르치는 데 반해 미국에서는 생각하는 수학, 창의력을 기르는 수학을 강조한다고 말하는데 내 경험으로는 반드시 그런 것 같지도 않

나. 단적으로 말해서 미국 학생들도 "그거 시험에 나오나요?" 같은 질문을 한다. 또 법대나 의대 지망생들은 한국 학생들 저리 가라 할 만큼 점수에 집착한다. 심지어는 수업 시간에 가르쳐준 것을 조금 변형한 시험 문제를 내면 그런 건 안 배웠다고 주장하는 학생도 있다. 사람 사는 곳은 다 비슷한 게 아닐까?

우리 이번엔 세계적인 스포츠 스타들의 소감을 들어보자.

"90분 동안 통제할 수 있는 팀, 훌륭한 기계처럼 유기적인 팀을 만들겠다."
—**거스 히딩크**. 2001년 한국 대표팀 감독을 맡은 직후.

"팀이 이기는 것이 중요하다. 그게 전부다."
—**마리아노 리베라**. 2003년 뉴욕 양키스가 아메리칸 시리즈 챔피언에 올랐을 때 MVP로 뽑히고 나서.

"우리 팀 선수들은 지금 개인보다 팀을 우선하는 마음으로 뭉쳐 있다."
—**프랑크 레이카르트**. FC 바르셀로나가 2004~2005 시즌 스페인 프로 축구 리그에서 선두를 질주하는 이유를 설명하며.

"무엇보다 팀이 이겨서 기분이 좋다. 팀이 플레이오프에 진출할 수 있도록 최선을 다하겠다."
—**단테 존스**. 2005년 2월 9일 KBL 경기에서 38득점, 11리바운드를 기록한 후.

'미국이나 유럽 선수들은 개인주의, 우리나라 선수들은 집단주의(?)'라는 생각은 지나치게 도식적인 편견일지도 모른다. 축구, 야구, 농구 같은 단체 경기에서 팀의 승리를 제일가는 가치로 여기고, 팀플레이를 다른 무엇보다 강조하는 것은 세계 어느 곳이나 같을 수밖에 없다. 수학 교육도 마찬가지다. 자유로운 상상력과 창의적인 직관, 엄밀한 논리 전개 과정이 수학 교육의 핵심임은 세계 어느 나라든지 같을 수밖에 없다.

그럼에도 굳이 두 나라 수학 교육의 차이점을 지적한다면 미국에서는 '재미(fun)'를 좀더 강조하고 우리나라에서는 '훈련(drill)'을 좀더 강조한다고 할 수 있을 것이다. 그러나 '재미'에도 여러 가지 종류와 수준이 있고, 새로운 재미를 맛보기 위해서는 꾸준한 반복 훈련이 필수적이라는 것을 생각하면 이 두 가지를 굳이 분리하여 어느 것이 더 중요하다고 말하는 것은 별 의미가 없는 것 같다.

1991년 미국 수학회 연례 학술회의에서 미네소타 대학교의 수학 교수 한 분이 미국의 시카고 근교와 일본의 센다이 지역 고등학생들의 수학 학력 비교 평가 결과를 분석하여 발표한 적이 있다. (원래 자료에는 대만도 조사 대상에 포함되어 있었는데 발표할 때는 미국과 일본의 경우를 주로 비교 분석했다.) 그분의 발표에서 재미있었던 것은 두 나라 학생과 학부모 들의 반응을 비교한 것이었다. 몇 가지 예를 들자.

1) 수학에 대한 느낌은? 수학을 잘하는가?

미국 학생들: 수학은 쉽고 재미있다. 나는 수학을 좋아하며 잘하는 편이다.

일본 학생들: 수학은 어렵고 재미없다. 나는 수학을 싫어하며 잘 못한다.

2) 수학은 중요한가? 자녀의 수학 실력에 만족하는가?
미국 학부모들: 수학은 아주 중요하고 쓸모가 많은 학문이다. 우리 아이의 수학 실력에 만족한다.
일본 학부모들: 수학은 일상생활에는 아무런 쓸모가 없는데 대학 입시 때문에 억지로 공부를 시키고 있다. 우리 아이는 수학을 못해서 걱정이다.

3) 수학을 잘하는 비결은?
미국 학생들: 선생님이 좋아야 한다.
일본 학생들: 본인이 열심히 노력해야 한다.

자, 그럼 어느 쪽이 성적이 더 좋을까? 일본 학생들의 성적이 월등히 뛰어났다. 왜 그럴까? 굳이 교육학 이론을 들먹이지 않더라도 상식적으로 생각해보면 수학을 좋아하고, 수학은 쉽고 중요하며 쓸모가 많은 학문이라고 생각하는 쪽이 성적이 더 좋아야 하는 게 아닐까? 그런데 왜 그 반대의 경우가 더 성적이 좋은 걸까?

나는 미국에서 학생들을 가르칠 때 이 조사 결과를 소개하며 두 가지를 지적하곤 했다.

첫째, 자신에 대한 기준이 높아야 한다. 미국 학생들의 성적이 더 나쁜 이유는 학생도 부모도 너무 쉽게 만족하기 때문이다. 목표를 높게 설정해야 실력도 올라간다. 둘째, 공부를 잘하려면 좋은 선생님이 필요한 것은 사실이지만 그건 선생 쪽에서 반성할 일이다. 학생들은 자신의 노력이 더 중요하다고 생각해야 한다. 선생님은 학생들 노력이 부족하다고 생각하고 학생들은 선생님이 잘못 가르쳐서 자기 실력이 늘지 않는다고 생각하는데 무슨 발전이 있겠는가?

  나는 또 이렇게 말하곤 했다. 사람들은 공부하는 게 재미있어야 한다고 말한다. 나도 전적으로 동의한다. 그러나 이때 '재미'란 아이들이 장난감을 가지고 놀 때 느끼는 재미와는 다른 것이(라고 생각한)다. '공부하는 재미'란 새로운 것을 배우고 익히며 느끼는 감동과 희열을 의미하는 것이다(學而時習之不亦說乎!). 테니스를 칠 때에도 한 단계 높은 수준의 재미를 맛보려면 지루하기 짝이 없는 스트로크 연습, 서비스 연습, 발리 연습을 해야 한다. 그런 연습을 거쳐야 비로소 그 다음 단계의 재미를 맛볼 수 있다. 중요한 것은 "아, 이 단계를 넘으면 얼마나 흥미진진한 세계가 기다리고 있을까?" 하는 기대감이 아니겠는가? 자신에게 물어보라. 여러분들은 선생님(teacher)을 원하는가, 약장수(entertainer)를 원하는가? 여러분들이 만일 선생님을 원한다면 다음 격언을 기억해주기 바란다(이건 대학원 시절 첼로를 전공하던 친구에게 배운 말이다).

"Practice makes perfect(연습이 완벽한 연주를 낳는다)."

축구에서 배우는 수학

지난 2002년 2월 22일 아침 자유로에는 짙은 안개가 드리워져 있었다. 나는 파주에 있는 축구 국가대표팀 트레이닝 센터를 찾아가는 길이었다. 그날부터 이틀 동안 대한축구협회 주관으로 '유소년 축구 육성 프로그램'에 대한 집중 강의가 있었기 때문이다. 나는 짙은 안개 속을 조심조심 헤쳐나가며 이게 다 한국 축구의 '꿈과 미래'를 찾아가는 길이라고 생각했다. 무슨 일이든지 (축구든 수학이든) 우리들의 미래는 자라나는 새싹들을 어떻게 가르치고 길러내는가에 달려 있는 법이니까.

이날의 특별 강사는 대한축구협회 지도자 강사로 초빙된 로버트 알버츠와 1998년 프랑스 월드컵 우승에 빛나는 에메 자케 감독이었다. 알버츠는 네덜란드의 명문 축구 클럽 아약스 암스테르담에서 프로 선수 생활을 했으며, 스웨덴에서 15년 동안 지도자 생활을 했다고 한다. 에메 자케 감독이야 그 휘황한 명성을 '닐러 무삼하리요'.

강의가 시작되자 나는 그야말로 무아지경에 빠져들었다. 초등학교 시절 '뻔데기 축구선수'였던 내가 이렇게 세계 최고 수준의 축구 강의를 들을 수 있다는 사실이 믿어지질 않았다. 그런데 누가 수학 선생 아니랄까봐 나도 모르게 '축구' 대신에 '교육'이나 '수학'이란 말을 대입하며 강의를 듣는 것이었다. 예를 들어 "이기는 것보다 선수 발달 과정이 중요하다"는 얘기가 "시험 성적보다 깨우치고 익히는 과정이 중요하다"는 말로 들렸다는 뜻이다. 내게는 축구뿐만 아니라 수학자로서, 교육자로서의 나 자신을 돌아보는 소중한 시간이었다.

첫 강의는 '유럽의 유소년 축구 프로그램 전반'에 대한 것이었다. (강사는 알버츠였다.) 유럽에서 체계적인 유소년 축구 프로그램을 도입하게 된 계기는 유럽 축구가 남미 축구에 비해 기술적으로 현저히 열세라는 자각과 위기 의식 때문이었다. 그동안 유럽 팀들이 월드컵에서 비교적 좋은 성적을 거둔 것은 잘 훈련된 조직력과 전술 때문이었을 뿐 기술적인 면에서는 오히려 퇴보했다는 것이다. 그러므로 자라나는 선수들이 기술을 습득하고 창의력을 계발할 수 있는 유소년 축구 육성 프로그램이 절실해졌다. 그래서 1990년대 초 유럽 각국의 지도자들이 모여 내린 결론이 바로 다음 세 가지였다.

1) 모든 어린이들에게 축구와 접할 수 있는 기회를 제공한다.
2) 모든 훈련 과정은 선수 개개인의 연령과 기술 수준, 포부에 따라 적절하게 조정되어야 한다.

3) 좋은 환경에서 축구를 즐길 수 있도록 해야 한다.

이 모든 것들이 내게는 우리나라에서 우리가 어떻게 수학 교육을 해야 하는가에 대한 해답으로 들렸다. 우리나라 학생들은 좋든 싫든 모두가 수학에 접할 수 있는 기회는 있다. 그리고 종이와 연필이 주된 무기인 수학에서 여름에 시원하고 겨울에 따뜻한 교실만 있다면 '좋은 환경'을 위해 무지막지한 투자가 필요한 것도 아니다. "모든 훈련 과정은 선수 개개인의 연령과 기술 수준과 포부에 따라 적절히 조정되어야 한다"는 원리는 수학 교육에도 그대로 적용되는 얘기다. 수학을 가르칠 때에도 학생 개개인의 수준과 의욕에 맞추어 적절한 내용을 가르쳐야 한다. 물론 일단 눈높이를 맞춘 뒤에는 학생의 수준을 끌어올리려는 노력을 해야 할 것이다. 눈높이를 맞춘 뒤에도 그냥 헬렐레~~ 같이 놀고 있으면 그게 무슨 교육이겠는가?

알버츠는 유럽에는 여러 나라가 있고 그만큼 다양한 축구 문화가 있다는 것을 전제한 뒤 네덜란드, 영국, 독일, 스웨덴의 축구 철학과 시스템을 명쾌하게 설명해주었다. 그중에서 내가 가장 재미있게 들은 부분은 네덜란드 축구에 대한 것이었다. 네덜란드는 1970년대에 '살아 있는 전설' 요한 크루이프를 중심으로 '토털 사커'를 들고 나와 전 세계 축구팬들을 흥분시켰던 팀이다. 지금도 나는 축구를 할 때마다 그의 백넘버였던 14번을 달고 나선다. 그리고 우리 '딩크 형'이 바로 네덜란드 대표팀 감독 출신이니까 그의 축구 철학을 이해할 수 있는 기회이기도 했다.

'더치 비전(Dutch Vision)'으로 일컬어지는 네덜란드의 축구 철학을 요약하면 '기술(Technique), 통찰력(Insight), 의사 소통(Communication)'이다. 네덜란드에서는 기본 기술은 선수 스스로 개발하고 습득하는 것이라고 생각한다. 모든 축구는 1대 1 상황을 포함한 좁은 공간에서의 부분 전술에 기반을 두고 있다. 그러므로 어린이들은 5대 5 게임 같은 '작은 경기'를 통해 볼과 접촉할 기회를 최대한 많이 가지면서 스스로 기술을 익혀야 한다는 것이다. '통찰력'은 이렇게 '작은 경기'를 통해 습득한 기술을 '큰 경기'에 적용할 수 있는 능력이다. 따라서 경기장 전체를 보는 시야와 경기 흐름을 읽는 지적 능력이 요구되고, 그에 따라 패스와 크로스 같은 선수 간의 호흡과 '의사 소통'이 문제가 되는 것이다.

알버츠는 "유소년 축구 지도자들은 이기는 것보다 선수 발달 과정을 더 중시해야 한다"고 강조했다. 예를 들어 어느 선수가 연습에서 아웃사이드 패스를 하는 법을 배웠다면 (그 선수는 물론 개인 연습을 충분히 해야 하지만) 경기중에는 승부보다는 그 선수가 성공적인 아웃사이드 패스를 몇 번이나 했는가를 기준으로 그 경기의 성과를 판단해야 한다는 것이다. 어린 선수가 경기 도중에 실수를 했다고 해서 그 자리에서 소리쳐 나무라는 것은 별로 효과가 없다는 얘기도 했다. 차라리 충분히(?) 실수를 하게 내버려둬서 그 실수가 초래하는 결과들을 충분히 느끼게 하고 경기가 끝난 뒤에 그 상황을 돌이켜보며 설명하는 것이 훨씬 더 효율적이라는 것이다.

나는 수학 선생으로서 이 얘기가 너무나 마음에 와닿았다. 어느 학생이 선생님 앞에서 수학 문제를 푼다고 하자. 수학이 워낙 '치사한' 과목이다보니 학생은 무수히 실수를 하게 마련이다. 단순한 계산이 틀릴 수도 있고 기본 개념부터 엉망진창으로 헤맬 수도 있다.

그때마다 선생님이 "그러면 안 돼!" 하고 소리친다면 학생은 스스로 생각할 줄은 모르고 기계처럼 전 과정을 외워버릴 것이다. 이게 바로 수학이 '단순 암기 과목'으로 전락해버리는 대표적인 경우다. 이럴 때 좋은 선생님은 인내심을 가지고 학생이 충분히 실수를 할 때까지 기다린 다음, 그런 실수들이 얼마나 참담하고 황당한 결과를 가져오는지 같이 느끼며 학생 스스로 어디가 어떻게 잘못되었는지를 깨닫게 해야 하는 것이 아닐까?

요한 크루이프는 축구에서 가장 중요한 것은 '지적 능력(Intelligence)'이라고 말한 바 있다. 경기중에 일어나는 모든 상황을 개인이 아니라 팀 전체의 입장에서 봐야 하며, 심지어는 상대방의 입장에서도 읽을 줄 아는 지적 능력이 요구된다는 뜻이다. 이런 아약스의 축구 철학은 축구뿐만 아니라 우리가 수학 문제를 풀 때에도, 인생의 어려운 문제에 부딪혔을 때에도 적용되는 원리일 것이다.

에메 자케 감독의 강의가 시작되자 대형 강의실이 사람들로 넘쳐 흘렀다. 덕분에 동시통역기가 동이 나버렸다. 내겐 크나큰 재앙이었다. 나 불어 정말 못하는데…… 할 수 없이 강의 듣는 것은 포기하고 대학교 1학년 때 C_0를 받은 엉터리 불어 실력을 바탕으로 필기에 몰두했다. (남들이 이 모습을 봤으면 동시통역기도 필요 없을 만큼 유창한 불어 실력으로 열심히 필기까지 하는 '범생이'로 보였을 것이다.)

그날 자케 감독의 강의는 '프랑스의 유소년 축구 육성 프로그램'에 대한 것이었다. 프랑스는 이미 30년 전에 유소년 축구의 중요성을 인식하고 많은 노력을 기울여왔다. 실제로 지금 대부분의 유럽 국가에서 실시하고 있는 유소년 축구 프로그램의 모델이 바로 프랑스라고 한다. 알버츠의 강의와 마찬가지로 자케 감독 역시 '축구를 위한 축구'가 아니라 '인간을 위한 축구', 그리고 '가정과 학교와 클럽의 조화'를 강조했다.

특히 체계적인 지도자 양성 시스템이 인상적이었다. 그러니까 어린이 지도자, 청소년 지도자, (아마추어) 성인 축구 지도자, 프로 축구 지도자 등 지도자의 등급을 나누어 단계별로 철저한 교육을 실시하고 자격 요건을 강화한 것이다. 등급별 지도자에게는 그에 상응하는 자격증이 주어지며 일정 기간이 지나면 최소한의 재교육 과정을 이수해야 자격증이 유효하다. (그러니까 운전 면허증의 적성 검사와 같다고 보면 된다.) 물론 더 높은 등급의 지도자 자격증을 따려면 새로운 교육 과정을 이수해야 한다. 좋은 선수를 양성하기 위해서는 좋은 지도자가 필요하니까 우수한 지도자를 양성하기 위해 무한한 노력을 기울이는 것이다. 당연한 얘기다. 수학 교육도 마찬가지다. 우리 아이들이 좋은 교육을 받기 원한다면 선생님들에게 좋은 대우를 해주고 좋은 교육을 받도록 해야 한다. 학생들이 아무리 재능이 뛰어나다고 해도 선생님의 수준을 뛰어넘는 교육은 존재할 수 없기 때문이다.

이튿날 강의는 '프로 축구 지도자의 자질'에 대한 것이었다. 에메자케 감독은 지도자의 자질을 기술적인 측면, 인격적인 측면, 전술적인 측면 세 가지로 나누어 설명했다.

'기술적인 측면'에 대해서는 축구 지도자는 우선 '축구 전문가'어야 한다는 당연한 얘기부터 시작했다. 풍부한 현장 경험을 바탕으로 쌓아올린 해박한 지식이 바로 지도자의 권위의 원천이라는 것이다. (수학 선생이 도대체 아는 게 없으면 학생이 그를 어떻게 존경하겠는가?) 그는 더 나아가 스스로에게 끊임없이 질문을 던지고 연구하는 태도가 중요하다고 했다. 훈련 일정, 경기에 대비한 전략과 전술, 선수들의 건강과 심리 관리 등 모든 측면에 대해 스스로 잘하고 있는지 끊임없이 질문하는 지도자만이 선수들에게 무언가를 요구할 수 있다는 뜻이다. 쉽고 간결한 단어를 사용하여 자신의 메시지를 명확히 전달할 수 있어야 한다는 얘기도 했다. 아무리 거룩한 얘기라도 선수들이 알아듣지 못한다면 도대체 무슨 소용이 있겠는가? (수학 선생들이여, 가슴에 손을 얹고 반성할지어다.)

지도자는 또한 '조직 통솔력'을 갖추고 있어야 한다고 했다. 축구팀 하나에는 감독을 비롯하여 코치, 트레이너와 선수 들이 있고, 그 밖에 의사, 물리치료사, 영양사 등 여러 역할의 사람들이 필요하다. 이 모든 사람들이 '책임감 있는 개인'으로서 활동할 수 있는 분위기를 만들어주고 권한을 대폭 위임해야 한다고 했다. 축구팀은 생명체처럼 변화하고 발전하며 퇴보하기 때문에 지도자는 충분한 시간을 가지고 문제의 본질이 무엇인지 파악하는 데 주력해야 한다는 것이다.

지도자는 물론 훌륭한 '전략가'여야 한다. 지도자는 우선 자기가 맡은 팀이 기술적으로, 전술적으로, 정신적으로 어느 정도 가치가 있는 팀인지를 파악해야 한다. 그리고 명확한 목표를 설정해야 한다. 그렇지만 자유로운 분위기와 변화의 가능성은 항상 열어놓아야 한다. 자기가 지도하는 팀의 역사와 문화를 이해하여 문제에 합리적으로 접근하고 적절한 자극을 주어 선수가 자신의 능력을 최대한으로 발휘할 수 있도록 해야 한다는 것이다.

그러나 그가 대부분의 시간을 할애하여 강조하고 또 강조한 부분은 지도자의 '인격적인 측면'이었다. '스스로에게 엄격할 것'을 시작으로 선수들과 충분한 대화를 나눌 것, 변화를 두려워하지 말고 상상력을 발휘하여 혁신을 추구할 것, 위험 부담을 기꺼이 감수하고 대담하게 행동할 것, 강한 투지와 승부 근성을 지닐 것, 완벽주의자가 될 것, 항상 긍정적으로 사고하며 유머를 잃지 않을 것, 열정적인 태도를 갖도록 노력할 것, 선수들의 불안감을 불식시키고 자신감을 심어줄 것, 언제나 역동적인 모습으로 선수들을 대할 것, 받으려고 하지 말고 주는 것을 즐길 것…… 이런 모든 것들에 대해 구체적이고 적절한 예를 들어 열정적으로 설명하는 그의 강의는 축구 지도자뿐만 아니라 이 세상의 모든 선생님들이 가슴에 새겨야 하는 '하느님 말씀'이었다.

강의가 끝나고 집으로 돌아오는 길에 나 자신에게 물어보았다.

"나 떨고 있냐?"

그랬다. 세계 최고 수준이란 바로 저렇게 전율할 만큼 두려운 것이구나 하는 생각이 들었다. 그렇지만 한편으로는 우리도 얼마든지 할 수 있다는 생각이 들었다. 축구도 수학도 다른 어느 것도 (시간은 좀 걸리겠지만) 우리가 열심히 하기만 하면 얼마든지 세계 수준에 도달할 수 있다는 생각이 들었다. 중요한 것은 꿈을 추구하는 마음과 치밀하게 수립한 장기 계획, 그리고 스스로를 헌신할 수 있는 열정이 아니겠는가?

아빠의 가출

2004년 5월 9일(일요일)은 어버이날 다음 날이었다. 전날에는 부모님을 모시고 가족이 모두 모여 식사를 했다. 따라서 그날은 처가에 가서 장인어른, 장모님을 모시고 식사를 하는 게 사람의 도리다. 그런데 아들 녀석이 오늘은 집에서 쉬겠단다. 아니, 이 세상에 태어나서 가장 중요한 일이 부모님께 효도하는 일인데 도대체 그걸 하지 않겠다니 이런 못된 놈이 있나? 그런데 녀석의 항변을 들어보니 나름대로 일리가 있는 것 같았다. (아니다. '일리'에는 훨씬 못 미치고 '$0.0000\cdots\cdots 1$리 $= 1 \times 10^{-100만}$리' 쯤 되는 것 같았다.) 외가에는 바로 지난 주말에도 갔다. 그리고 이번 주에는 제사가 두 번 겹쳤고 어제는 어버이날이었다. 야간 자율 학습(요즘엔 아이들도, 아이 엄마들도 이걸 줄여서 '야자'라고 한다. 우리 때는 '야자'가 다른 의미로 쓰였는데……) 때문에 안 그래도 너무나 피곤한데 어쩌다 '야자'를 하지 않는 날은 제사다, 무슨 행사다 해서 종손의 의무를 다하다보니 체력의 한계를 느낀다, 그러니까 자기도 좀 쉬고 그동안 밀린 공부도 좀 해야 할 것 아니냐, 뭐, 대충 이런 게 이유였다. 나도 별 수 없는 '대한민국 부모'이다보니 (게다가 그것도 좀 '극성'인 편에 속하다보니……) 아이 녀석이 공부를 하겠다고 하니까 그냥 귀가 솔깃해져서 그럼 오늘은 집에서 밀린 공부를 하라고 하고 말 잘 듣는 딸아이만 데리고 집을 나섰다. 그때 내 마음속에는 "그럼 오늘은 『수학의 정석』 한 단원은 공부하겠구나" 하는 실로 허황된 기대가 있었다. 그런데 돌아와보니…… 이럴수가……

녀석은 컴퓨터 게임만 하며 하루를 완전히 즐긴 모양이었다. 나는 자꾸만 떠오르는, 벽력같이 소리소리 지르는 호랑이 아버지의 모습을 애써 지우며, 어떻게든 예수님 부처님 공자님의 모습을 떠올리려 안간힘을 쓰며 벌렁거리는 가슴을 진정시켰다. 그리고 '부드러운(!)' 목소리로 다짐을 했다. (교육학자들이 이렇게 하라니까. 나 참.)

"강윤구. 약속을 지키지 않았구나. 지금부터라도 오늘 해야 할 분량을 공부하도록 해라."

녀석은 볼멘소리로 "알았어요!" 하더니 공부할 책(=『수학의 정석』)을 들고 방문을 쾅 닫고 들어가버린다. 그런데 이것 참 방 안에서 아무 소리가 나질 않는 것이었다. 다른 집 같으면 '아, 이거 열심히 공부하는구나' 하고 좋아하겠지만 우리 집의 경우 전혀 사실이 아니다. 이렇게 조용할 때는 백발백중 쿨쿨 자고 있는 거다. 나는 당장 깨워서 공부를 시키고 싶었지만 자는 사람 깨워 억지로 공부를 시킨들 그 녀석이 하면 얼마나 하겠는가. 하물며 그 과목이 수학

일 때에야 그 참상을 닐러 무삼하리오. 나는 "푹 자고 일어나서 공부하겠지" 하고 억지로 마음을 달래며 내 할 일을 했다. 녀석은 역시 기대했던 대로 저녁 먹을 때가 돼서야 겨우 일어났다. 물론 저녁은 잔뜩 먹었다. 그러더니 수학책을 집어들기는커녕 컴퓨터 앞에 가서 앉는 것이 아닌가. 아아, 정말 사람이 이럴 수는 없는 노릇이다. 격분한 나는 아버지로부터 소중하게, 순수하게 물려받은 '휘발성 격정 유전자'를 마음껏 발휘하기 시작했다.

"도대체 뭐 하는 거야? 하루 종일 게임 하고 잠이나 자고! 당장 공부해!!"

그러자 이 녀석이 문을 쾅 닫고 들어가 문을 잠가버리는 것이었다. 아니, 이거 벌써 두번째 아냐? 이건 명백한 반항이다. 나는 녀석의 방문을 주먹으로 두드리며 소리쳤다.

"이거 당장 열어!! 안 열어? 카운트 셋 하기 전에 당장 열어!!"

녀석이 어렸을 때는 (물론 그렇게 되기까지 필사적인 노력을 기울여야 했지만) '카운트 셋'을 발동하면 모든 게 해결됐다. 그런데 지금은 아무 반응이 없다. 도대체 녀석은 뭘 믿고 저러는 걸까? 나는 생각했다. 지금처럼 주먹으로 치다보면 점점 강도가 더해질 것이고 결국엔 내 손목이 다칠 것이다. 그렇다고 해서 발로 차거나 '살신성인'의 자세로 온몸을 던져 문을 부순다 해도 결국엔 내 돈으로 그걸 수리해야 할 테니 노력에 비해 성과가 보잘것없다. 따라서 결론은 하나밖에 없다. 나는 난데없는 '천재지변'을 만나 겁에 질려 떨고 있는 딸아이에게 소리를 질렀다.

"당장 드라이버 가지고 와!!"

나는 드라이버로 그 녀석 방문을 열고 들어갔다. 녀석은 침대에 엎드려 헉헉 울고 있었다. 나는 비호처럼 몸을 날려 그 녀석의 엉덩이를 철썩철썩 때렸다. 녀석은 끝까지 '빠떼루 자세'로 버텼다. 그야말로 '뚜껑이 열린' 나는 거의 광분하는 수준이 됐다.

"그 따위로 공부할 거면 당장 수학책 찢어버리고 공부 그만 둬!! 방문 다시 잠그고 나갈 테니 네 손으로 직접 열어서 아빠가 다시 들어오게 해!!"

(음. 내가 생각해도 정말 희한한 발상이었다.)

나는 밖으로 나오며 방문을 잠그고 다시 문을 두드렸다.

"문 열어!"

나의 지극히 낙관적인 시나리오에 의하면 녀석은 침대에서 일어나 『수학의 정석』을 집어들고 방문을 열어준 다음 아빠에게 잘못했다고 백배사죄(이게 100배로 사죄를 하는 것인 줄 아는 녀석이 있다)를 하고 수학 공부를 시작해야 한다. 그런데 이럴 수가. 녀석이 무슨 마음을 먹었는지 아무런 대답이 없는 것이었다. 나는 다시 아무 죄 없는 딸아이에게 드라이버를 가져오라고 한 뒤 방문을 열고 들어갔다. 녀석은 아직도 '빠떼루 자세'로 침대에 엎드려 있었다.

"도대체 뭐야? 공부를 하고 있어야 할 거 아냐?"

"아빠가 하지 말라면서요?"

녀석은 우느라고 흑흑, 허덕허덕 말도 제대로 잇지 못했다. 아니, 이 녀석이? 이거 정말 반항이네? 그렇다고 내가 물러설 줄 아냐?

"그래서 너는 할 거야, 안 할 거야?"

"아빠가 하지 말랬잖아요?" (울먹울먹)

"그래서 너는 할 거야, 말 거야?"

"할 거예요."

휴~~ 살았다. 그래도 끝까지 개겨야지.

"이왕 할 거면 제대로 해라. 그러지 않으면 안 가르쳐준다~~?"

그러나 녀석은 여전히 '빠떼루 자세'로 버텼다. 이제 일어나서 공부하라고 얼러도 여전히 빠떼루 자세, 어깨를 잡아 흔들어도 여전히 빠떼루 자세, 엉덩이를 때리며 소리소리 질러도 여전히 빠떼루 자세……

나는 분기탱천한 마음으로 방을 나와 가방을 싸기 시작했다. 걱정스러운 얼굴로 바라보는 딸아이에겐 "가장의 권위를 인정하지 않는 집에는 있을 이유가 없다"고 설명했다. 갈아입을 옷과 세면도구와 공부할 책과 논문 들을 챙겨넣고 집을 나서니 그야말로 '가장의 가출'이었다. 상식적으로 생각하면 말도 안 되는 얘기지만 어쨌든 나는 가출을 결행했다. 우선 주유소에 들러 자동차에 기름을 가득 넣었고, 벌렁거리는 가슴을 진정시키기 위해 편의점에 들러 담배를 한 갑 사서 한 대를 피운 뒤 나머지는 버렸다. 그리고…… 그리고…… 어디로 가야 하나? 그런데 아무리 생각해봐도 갈 데가 없었다. 생각해보라. 가장이 가출해봐야 친정이 있는 것도 아니고 갈 곳이 어디 있겠는가? 나는 괜히 아파트 단지 주위만 몇 바퀴 돌다가 그냥 집으로 돌아갔다. 시계를 보니 어이없게도 겨우 15분이 지나 있었다. 그러니까 '15분간의 가출'이었던 셈이다.

집에 돌아와보니 더욱 어이없는 일이 벌어지고 있었다. 내가 집을 나갈 때만 해도 '빠떼루 자세'로 굳건히 버티던 아들 녀석은 어느 틈에 일어나 동생과 신이 나서 컴퓨터 게임을 하고 있는 것이었다. 그러나 집 안에 들어서는 순간 나는 이미 전신에 힘이 빠져 쓰러지기 일보 직전이었다. 나야말로 밀린 일이 산더미 같았지만, 나는 그냥 침대 속으로 빨려들어갔다. 그래도 이대로 그냥 잘 수는 없으므로 아들 녀석을 불렀다. 녀석이 침대 가까이로 다가왔다. 동생이랑은 신이 나서 놀던 녀석이 내 곁으로 와서는 울먹울먹 제법 심각하다. 나는 힘없이 말을 건넸다.

"윤구야. 아빠도 널 야단치고 소리를 지르면 정말 가슴이 아프고 힘이 빠진다. Give me a hug."

그 녀석은 울먹이며 나를 안아줬다. 우리는 서로 끌어안고 다짐을 했다.

"우리 이제부터는 조용히 대화로 하자. 알겠니?"

"네."

"아빠가 이 세상에서 제일 좋아하는 사람이 누군지 아니?"

"저요."(이건 정말 자신이 있는 모양이다.)

그래. 아빠는 세상에서 너를 제일 좋아한다. 앞으로는 대화로 잘 해보자. 그러나 나는 이미 알 수 있었다. 그날 이후엔 모든 것이 달라질 거라는 것을. 그러고는 끝없는 잠의 수렁 속으로 빠져들었다.

아버지와 아들

어린 시절 우리 집엔 특이한 기도문이 있었다. 식사 기도인 셈인데 기도문은 다음과 같다.

오늘도 남의 장점만 보고, 강가(姜哥)의 욱하는 성질을 버리며, 이 맛있는 밥과 음식을 먹을 수 있도록 농사를 지어주신 할머니께 감사를 드리면서, 즐겁게 밥을 먹자.

그러나 나는 그 식사 시간이 하나도 즐겁지 않았다. 기도가 끝나자마자 아버지의 불호령이 떨어졌기 때문이다. 그것도 종손인 나를 향해, 집요하게, 집중적으로 떨어졌다. 예를 들어보자. 어느 날 나는 밥상에 놓인 굴비가 너무나 먹고 싶었다. 그러나 우리 집 식구가 몇 명인데 (최저 12명이었다) 그게 내 차례까지 오겠는가? 게다가 나는 이미 한 점을 집어먹었다. 만일 내가 한 점 더 집어먹는 날에는 "너만 먹으라는 반찬이냐!!"는 벽력같은 호령이 떨어질 것이다. 그래서 나는 굴비를 한 점 먹고 싶을 때마다 그냥 동치미 조각을 집어먹었다. 그렇게 한 서너 조각을 연속으로 집어먹었을 때 예상치도 못한 뇌성벽력이 울려퍼졌다.

"이게 밥이다! 이 자식아!" (아버지는 손가락으로 밥공기를 가리키고 있었다.)

무슨 소리인지 이해가 잘 안 가는 분들을 위해 미니 해설을 제공하겠다. 우선 우리 아버지는 같은 반찬에 연속적으로 젓가락이 가는 걸 허용하지 않는다. 맛있는 반찬을 혼자 다 집어먹으면 안 된다는 뜻이다. 아, 그런데 나는 바로 그 이유 때문에 굴비 대신 동치미 조각을 집어먹은 건데……

그리고 "이게 밥이다"라는 비유는 다음과 같은 원리에 기반을 두고 있다.

사람은 밥을 한 번 먹고 반찬을 한 번 먹는다. 따라서 밥과 반찬은 일 대 다 대응이다.

그런데 나는 밥과 동치미를 먹는 빈도가 거의 비슷하니 어느 것이 밥이고 어느 것이 반찬인지 알 수가 없다. 따라서 우리 아버지는 친절하게도 '밥은 (무로 이루어진 것이 아니라) 쌀로 이루어진 것'이라는 기본 지식을 다시 한번 일깨워준 것이다.

어쨌든 거의 모든 식사 때마다 예외 없이 이런 일이 벌어지니 내 마음이 즐거울 까닭이 없었다. 내가 즐겁지 않으니 아버지도 즐겁지 않고(이건 어느 게 먼저인지 잘 모르겠다), 따라서 다른 사람들도 모두 아버지의 눈치만 보며 전전긍긍하게 되고, 그러다보니 모든 사람들이 묵묵히 밥만 먹는 일이 너무 자주 벌어지게 되고, 결국 아버지는 아버지대로 "에익, 식사 시간은 즐거워야 하는데!" 일갈하며 폭발해버리기 일쑤였다.

1977년 어느 아침 식사 시간에 드디어 일이 터졌다. 말이 아침이지 그때 우리 집 아침 식사 시간은 새벽 다섯 시 반이었다. 그날도 '즐겁게 밥을 먹자'라는 기도문의 여운이 채 가시기도 전에 오랑캐를 무찌르는 듯한 아버지의 맹공격이 시작됐다. 가뜩이나 축구, 농구 같은 운동이나 하며 놀고 지내는 놈이 문예부다, 보이스카우트다 클럽 활동까지 하면 언제 차분히 앉아서 공부를 하겠느냐는 걱정 비슷한 것으로 시작된 아버지의 공격은 문학이니 일일일선(一日一善, 보이스카우트의 행동 지침 중 하나)이니 하는 것은 다 거짓말이고 틀림없이 여자 친구들을 사귀기 위해 그런 짓을 하는 거라는, 거의 저주 비슷한 수준으로 발전했다. 성질이 아버지를 그대로 닮아 고집이 세고 과격하며 절대로 물러서지 않는 나는 아버지의 주장을 한마디도 인정하지 않으며 묵묵히 듣고만 있었다. 아버지의 한마디 한마디가 폐부를 날카롭게 찌르며 들어왔지만(뭐, 상당 부분 사실이니까) 나는 "마이동풍(馬耳東風), 나는 말이다. 마이동풍, 나는 말이다"를 주문처럼 외우며 버텼다.

보다보다 못해 어머니가 나섰다.

"얘야. 아버지가 맏아들인 네게 거는 기대가 남달라서 그러시는 거니까 어서 잘 알아들었다고 말씀을 드리렴."

'마이동풍'을 외우고 있던 내가 그만 참지 못하고 튀어올랐다.

"아버지께서 저한테 거는 기대보다 제가 저 자신에게 거는 기대가 훨씬 더 크니까 아버지 인생관을 제게 강요하지 마세요!"

"뭐, 이 자식이? 당장 나가!!"

"그러지 않아도 나가려고 그랬어요!!!"

나는 그 길로 유유히 집을 나가 제일 친한 친구네 집에서 2주일 가까이 신세를 지며 학교를 다녔다. 그 녀석 팬티, 그 녀석 양말, 그 녀석 속옷을 입으며 살았는데 그래도 칫솔은 챙겨 나온 걸 보면 나도 참…… 그 사건은 친구 녀석의 노련한 중재에 힘입어 2주 뒤에 별다른 돌발 사고 없이 내가 집으로 복귀하는 것으로 막을 내렸다. 나는 사실 혼자 먹고살 자신도 확실하게 있었는데…… 그리고 그 사건으로 내가 나 자신에게 거는 기대가 다른 어느 누군가 나에게 거는 기대보다 훨씬 크다는 오만방자한 생각이 '법적 공인'(?)을 받았다.

그런데 언제부터인가 상황이 이상해졌다. 우리 아이가 내게 이런 식의 반란을 일으킨 것이다. 나도 우리 아들 녀석에게 거는 기대가 남다르다. 어쨌거나 녀석은 우리 집안의 13대 종손이며 기둥이다. 내가 세상에서 제일 좋아하는 사람도 우리 아들이다. 그래서 나는 이 녀석이 태어났을 때부터 멋있는 남자로 만들기 위해 온갖 정성을 다했다. 태어난 지 이틀째 되던 날 축구공을 사서 '펠레 21 프로젝트'를 시도했으며, 어린 시절부터 피아노와 클라리넷을 가르쳐 뭇 여성의 사랑을 받을 수 있는 기반을 조성하기 위해 심혈을 기울였고, 수영, 농구, 라켓볼, 골프 등 수많은 운동으로 녀석을 단련시켜 '싸나이 중의 싸나이'로 키우려고 혼신의 힘을 다했다. '싸나이 중의 싸나이'는 지성, 야성, 감성을 모두 갖춰야 하니까.

그러나 불행히도 이 모든 시도는 시작과 동시에 실패로 돌아갔다. 이제 남은 건 수학과 과학뿐. 나는 컴퓨터공학을 전공하는 녀석이 수학과 물리학에 깊은 애정을 가지고 뛰어난 실력을 갖추기를 바라고 있다. 거기에 더해 문학과 예술을 사랑하여 인생의 아름다움과 여유를 느끼고, 누리고, 즐길 수 있다면 금상첨화일 것이다. (솔직히 '그나마 다행'이라는 표현이 더 어울리겠지.)

그런데 녀석이 추구하는 '멋있는 싸나이'는 내가 바라는 것과는 거리가 있는 것 같다. 우선 우리 아이는 운동을 너무나 못한다. 그리고 싫어한다. 이 녀석에게 맞는 운동을 찾으려고 노력에 노력을 거듭했지만 결과는 언제나 실패였다. (그래도 농구가 제일 나은 것 같던데……) 수학 공부는 아빠가 시켜서 억지로 하는 거라고 동네방네 떠들고 다니고, 자기는 '게으르고 내성적인 성격'이며 몸을 움직이는 걸 아주 싫어하고 "하루 종일 게임하고 잠을 실컷 자는 게 낙"이라고 말한다. "I am lazy and shy." 이게 그 녀석이 학교 영어 시간에 쓴 자기 소개서의 일부이다. '근면 성실한 적극적인 인간'과는 아예 거리가 먼 것이다. 노래는 힙합이나 락을 좋아하고 발라드는 증오한다. 그런데 나는 발라드가 제일 좋은데…… 이것 참.

아마 녀석도 내게 외치고 싶을지 모른다. 나는 아빠가 원하는 모습으로 살고 싶지는 않다. 아빠의 인생관을 강요하지 말아 달라. 나는 내가 원하는 모습이 있다. 그리고 그게 훨씬 더 멋있는 모습이다.

만일 그 녀석이 진정으로 그렇게 생각하고 있다면 나는 어떻게 해야 할까? 아마 그저 믿어주는 것밖에는 할 일이 없을 것 같다. 한두 가지 덧붙인다면 나는 언제나 네 편이니까 네가 진정으로 하고 싶은 일을 마음껏 하라고 격려하는 것 정도가 아닐까?

뭐, 말이 그렇다는 얘기다.

좋은 아빠의 조건

　어느 날 집에 들어가니 아들 녀석이 TV를 열심히 보고 있었다. 도대체 뭘 보나 했더니…… 아니, 이럴 수가…… 겨우 컴퓨터 게임 중계방송을 보고 있는 것이었다. 이 나라가 도대체 어떻게 되려고 어린아이들이 저렇게 컴퓨터 게임에 미쳐 있는 걸까. 요즘에는 소위 '프로 게임 선수'라는 것이 있다니 다들 정신이 나간 것이 틀림이 없다. 차마 실행에 옮길 수는 없었지만 순간적으로 도끼로 TV를 박살내버리고 싶은 생각이 들었다. (나는 '언행일치言行一致', '심행일치心行一致'라는 말을 실천하면 안 된다. 그랬다간 큰일 난다.)
　그런데 이 녀석이 컴퓨터 게임 중계방송을 보고 있는 모습을 가만히 살펴보니 그야말로 가관이었다. 이 녀석은 감탄과 신음 소리를 적절히 섞어가며 '게임 삼매경'에 빠져 있었다. 나는 생각했다. 아니, 컴퓨터 게임을 보면서도 감동을 느끼는 건가? 이건 거의 내가 축구 경기를 보는 수준이군.

그렇지만 나는 또 생각했다. 그렇다. 바로 여기에 내가 한발 뒤로 물러서야 하는 포인트가 있다. 생각해보라. 어린 시절 내가 축구 경기에 혼이 빠져 있을 때 우리 아버지가 무슨 생각을 했겠는가를. 아버지는 실제로 도끼를 들어 TV를 박살내버릴 시도를 한 적도 있고, "결과만 알면 됐지 뭘 그렇게 들여다보고 있느냐?"는 상식 이하의 '망언(죄송합니다)'을 한 적도 있으며, 결국에는 "우리나라에 교육방송이 생기기 전까지는 우리 집은 TV를 안 본다"는 선언과 함께 TV 안테나를 철거하고 (이 부분이 중요하다) 4년 가까이 TV를 벽장에 집어넣어버리기도 했다. 하긴 아버지는 '언행일치', '심행일치'를 실천에 옮겨도 될 만한 인품을 지니셨으니까.

생각해보면 그때 우리 아버지와 나는 공통점이 거의 없었던 것 같다. 아버지는 TV로 중계되는 스포츠 경기를 극도로 혐오했으며, 그중에서도 축구, 권투, 레슬링 같은 야만스러운 경기들을 더욱 증오했다. 반면에 나는 바로 그 야만스러운 경기들에 한없는 매력을 느꼈고, 축구의 경우엔 실제로 몸을 바쳐 뛰어들기도 했다. 그래서 나는 어린 시절에 다짐했었다. 나는 나중에 커서 절대로 저렇게 무도한 아버지가 되지 않겠다. 내가 아빠가 되면 어린 아들의 손을 잡고 축구장에도 갈 것이며 아들과 함께 TV로 권투 중계도 같이 볼 것이다. 나는 정말 '좋은 아빠'가 될 것이다.

그런데 문제는 아들 녀석도 나와 공통점이 거의 없다는 것이다. 이 녀석은 내가 축구장에 가자고 하면 어렸을 때는 마지못해 같이 가더니 요즘엔 아예 그냥 '패스'다. 조국의 운명이 걸린 중요한 축구 경기를 같이 보려고 거실의 TV를 켜면 녀석은 슬그머니 다른 방으로 들어가 게임 채널에 눈을 고정시킨다. 정말 김새는 일이다. 어린 시절 품었던 '좋은 아빠의 꿈'이 철저히 무시되고 마는 것이다.

나는 반성했다. 아아, 이건 내가 그 녀석을 내 세계로 끌어들이려고 해서 그렇다. 이럴 게 아니라 내가 그 녀석의 세계로 다가가야 한다. 그래, 그놈의 〈스타 크래프트〉가 무언지 나도 한번 관심을 가져보자. 그때 마침 어느 시사 잡지에 임요환에 대한 기사가 실렸다. '테란의 황제'라나 뭐라나? 그러고 보니 예전에 청소년 축구 경기를 보는데 우리 청소년 대표팀의 스토퍼가 임유환이라니까 녀석이 킥킥대던 생각이 났다. 왜 그러냐니까 서울대학교 형들한테 물어보라더니 결국 프로 게임 선수였군. 그런데 아무리 읽어봐야 무슨 소린지 이해가 가야지? 그래서 어느 날 저녁 열심히 컴퓨터 게임 중계를 보고 있는 녀석에게 말을 걸었다.

"윤구야. 테란이 뭐냐?"

녀석이 뭔가 잔뜩 경계하는 듯한 목소리로 대답했다.

"아빠가 왜 그런 걸 알려고 그래요?"

나 원 참 더러워서. 아들이 어디 아들 같아야 '좋은 아빠'가 되지!

윤구는 고등학교에 들어가자 힙합 동아리에 들었다. 내가 우리 학교 힙합 동아리 초대 지도 교수인 걸 생각하면 이건 아주 자연스러운 선택이다. 그 학교의 힙합 동아리는 전공이 랩과 춤으로 나뉘는데 녀석의 전공은 랩이라고 한다. 나는 그 녀석이 랩을 지껄이는 모습을 꼭 한 번 보고 싶었다. 그런데 지난 가을 자기네 학교 온갖 특별 활동 동아리에서 특기 발표회를 했건만 우리 내외는 녀석의 공연을 볼 수가 없었다. 도대체 발표회장 근처에도 오지 못하게 하는 것이었다. 사실 이 녀석이 랩이나 지껄이고 다니는 걸 집안 어른들이 알면 집안이 망하기라도 할 듯 한바탕 난리가 날 것이다. 그래도 나는 정말 보고 싶었는데…… 분명히 '불온한(!)' 가사를 썼을 거야. 그러니까 저렇게 봉쇄 정책을 펴는 거지.

얼마 전에는 녀석이 다니는 학교에 가서 '1일 교사' 노릇을 했다. 아들 녀석의 같은 반 친구들을 모아놓고 수학 강의를 하려니까 왠지 쑥스럽기도 하고 떨리기도 했다. 그래도 너무나 반가웠다. 아, 요놈들이 윤구 친구들이구나. 나는 영화 〈다이하드 3〉에 대한 얘기부터 시작해서 '창 던지기의 수학적 원리'까지 설명을 했다. 나는 매우 즐거웠고 아이들의 반응도 좋은 것 같았다. 그런데 강의 시간이 그리 길지 않아 '축구공의 비밀'을 막 설명하려는데 종이 울렸다. 아쉬웠지만 아이들에게 말했다.

"제 경험에 의하면 아무리 훌륭한 복음 말씀도 종이 울린 다음에는 아무도 듣지 않습니다. 오늘은 여기서 그만 마치도록 하겠습니다."

그랬더니 예상외의 반응이 터져나왔다. 아이들이 '열정적인(!)' (이 부분은 조금 과장이 섞여 있음) 목소리로 마구 외쳐대는 게 아닌가.

"더 해주세요! 더 해주세요!! 더 해주세요!!!"

기분이 한껏 좋아진 나는 신이 나서 5분 정도를 더 떠들어댔다. 정다면체는 다섯 종류밖에 없다. 축구공은 정오각형 12개와 정육각형 20개로 이루어져 있다. 이건 정다면체를 분류하는 원리와 오일러의 정리에서 나온 놀라운 사실이다. 기타 등등……

그날 밤 나는 아들 녀석에게 확인을 시도했다.

"너희 반 아이들이 아빠 강의 어떻다고 그러디? 재미있었대?"

녀석의 퉁명스러운 대답이 돌아왔다.

"애들이 더 해달라잖아요?"

(내 귀에는 "그거면 됐지, 뭘 더 바라세요?" 이렇게 들렸다.)

며칠이 지난 뒤 가족 모임에서 그날 '1일 교사'를 했던 얘기가 나왔다. 나는 온 가족이 모인 자리에서 잘난 척을 하고 싶어졌다. 다시 한번 바보 같은 짓을 되풀이했다.

"윤구야, 지난번에 아빠 강의 어땠니?"

"그때 얘기했잖아요?"

이런 젠장. 내가 앞으로 네 입에서 뭔가 따뜻한 말이 나오길 기대하면 사람이 아니다. 나쁜 녀석.

결국 나는 다음과 같은 결론을 내릴 수밖에 없었다. 나는 그동안 '좋은 아빠'가 무엇인가를 완전히 오해하고 있었다. '좋은 아빠'란 아이들의 모든 걸 알고 이해하며, 아이들과 거의 같은 시각으로 같은 세계를 공유하는 사람이 아니다. 오히려 아이들과 적절한 거리를 유지하면서 알 것은 알고 모를 것은 모르는 게 '좋은 아빠'인 것 같다. 그렇게 해야 아이는 아이대로 독립적인 공간을 확보하여 자기만의 세계를 만들어낼 수 있는 것이 아닐까? 그러니까 나도 만일 이 녀석이 여자 친구를 사귄다면 괜히 처음부터 얼굴이 예쁜지 공부는 잘하는지 집안은 괜찮은지 궁금해하며 설치지 말고 느긋하고 침착하게 때를 기다려야 할 것이다. 그런데 이 녀석이 과연 여자 친구가 있긴 있는 걸까?

수학을 공부하는 이유

우리 아이가 초등학교 3학년 무렵 어느 날 아이에게 수학을 공부하는 이유가 뭐라고 생각하느냐고 물어봤다. 그랬더니 '학문을 숭상하는' 우리 집안에서 가장 경멸하는 대답이 돌아왔다.

"돈 벌려고요."

어휴, 이 멍청한 놈아. 수학 공부를 열심히 하면 기껏해야 아빠처럼 되지 어떻게 돈을 벌겠냐? 그런데 다시 생각해보면 '학문을 숭상하는' 우리 집안에서도 사나이가 태어나서 해야 할 가장 중요한 일은 "남의 눈에 피눈물 나게 하지 말고, 남의 가슴에 못 박지 말고, 정직하게 일해서 가족을 먹여살리는 것"이라고 가르친다. 정직하게 일해서 가족을 먹여살린 다음에 꿈이든 이상이든 추구하라는 것이다. 그러니까 돈을 벌기 위해 수학 공부 하겠다는 걸 무조건 경멸할 수는 없다. 실제로 그렇게 구체적인 이유가 있어야 (수학이든 뭐든)

잘할 수 있기도 하다. 그래도 그렇지 너무나도 위대한 수학을 공부하는 이유는 그보다 훨씬 더 깊고 심오해야 할 것 같았다.

그럼 나는 왜 수학을 공부하는가? 나야 물론 직업 수학자이니까 수학을 공부한다. 순수 수학을 전공하는 사람으로서 그럴듯한 명분도 있다. '순수 수학의 깊이 있는 아름다움'을 추구하는 것이 바로 그것이다. 게다가 나는 나처럼 순수한 아름다움을 추구하는 것이 수학이 세상에 도움이 되는 가장 확실한 길이라고 믿는 사람이다. 이건 역사가 증명하고 있다. 순수한 지적 호기심에서 출발한 깊이 있는 연구가 (본래의 의도와 상관없이?) 인류의 실제 생활에 커다란 도움을 준 경우는 수도 없이 많다. 그리고 이런 경우가 무슨 그럴듯한 기치를 내걸고 호들갑을 떨어대는 경우보다 수백 배 수천 배 더 많을 것이다.

그렇지만 나 같은 경우는 '극소수'라고는 할 수 없어도 '상당히 드문 경우'인 것이 거의 확실하다. 우리 아들 녀석 또한 수학이 아니라 컴퓨터공학을 전공하고 있으니 '순수 수학의 깊이 있는 아름다움'을 아무리 떠들어봐야 크게 설득력이 있을 것 같지가 않다.

녀석이 고등학생이 되었을 때 초등학교 3학년 때보다는 뭔가 깊이 있는 대답이 나오겠지 하는 기대를 안고 수학을 공부하는 이유가 뭐라고 생각하느냐고 물었다. 녀석은 어색한 웃음을 지으며 "글쎄⋯⋯ 여러 분야에서 쓰이니까?" 하는 것이었다. 물론 그것도 맞는 얘기다. 수학처럼 오만 가지 다양한 분야에 쓰이는 학문도 드물다. 게다가 컴퓨터공학을 전공하려면 수학과 물리학 지식은 필수적이다. 그러나 내게는 뭔가 2프로 부족한 느낌이었다. 위대한 수학자가 되지 못한 아쉬움을 자식이 대신 이뤄주길 바라는 헛된 망상 따원 버린 지 오래인데 나는 왜 우리 아이에게 그렇게 열심히 수학 공부를 시키는 걸까?

나는 2004년 9월 '3년 동안의 가출'을 마치고 서울대학교로 다시 돌아왔다. (그러고보니 나는 마치 '가출'이 전공인 것 같다.) 다시 돌아오기까지 우여곡절이 없었던 것은 아니지만 막상 돌아와보니 가장 행복해진 건 나 자신인 것 같다. 무엇보다도 젊음이 넘쳐흐르는 학생들을 다시 만난 것이 내 인생에 활기와 생기를 불어넣어준 것이 아닐까? 2004년에는 대부분 나와 '띠가 같은(!)'(한 바퀴도 아니고 두 바퀴나 돌았다) 학부 1학년 미적분학 강의를 담당했다. 나는 젊은 학생들의 순간순간이 그들의 장래를 위해 너무나 소중하다고 생각했기 때문에 그만한 가치가 있는 강의를 하려고 온 정성을 다했다. 그런데 그들에게 '수학을 공부하는 이유'를 설명할 때에도 뭔가 2프로 부족해 보였다.

그러던 어느 날 제사를 지내러 부모님 댁을 찾았다. 그날 부모님과 학생을 가르치는 일에 대해 여러 가지 이야기를 나누었다. 그리고 '수학을 공부하는 이유'를 설명할 때 뭔가 2프로 부족한 이유가 어쩌면 내가 지나치게 '수학'에만 집착하기 때문인지도 모른다는 생각이 들었다. '수학을 공부하는 이유'만 생각할 것이 아니라 '어학을 공부하는 이유', '문학을 공부하는 이유', 더 나아가 '글을 공부하는 이유'를 생각해야 하는 게 아닐까? 특히 그날 어머니께 들은 말씀이 가슴에 남았다. 나는 그날 어머니의 말씀을 들으며 느낀 것을 글로 써서 마지막 강의 시간에 학생들에게 읽어주었다. 학생들은 고맙게도 나의 진심을 마음을 열고 들어주었다. 나는 그 글을 우리 아들 녀석에게도 읽어주고 싶다.

첫 강의 때 여러분의 소중한 시간이 아깝지 않도록 정성을 다 하겠다고 말씀드렸는데 어느새 학기 말이 되어 오늘이 마지막 강의입니다. 저는 그동안 여러분을 가르치는 걸 좋아하고 즐거워했습니다. 여러분도 저와 함께한 시간들이 즐거운 기억으로 남기를 바랍니다. 물론 저의 희망 사항이지만……

미적분학은 수학, 통계학, 재료공학, 전기공학 등을 전공하는 여러분에게 분명히 필수불가결한 지식입니다. 여러분은 앞으로 이 과목에서 배운 여러 가지 정리와 테크닉을 매우 유용하게 쓰게 될 것입니다. 그러나 그것 못지않게, 아니 어쩌면 더 중요한 것은 이 과목을 공부하며 저절로 길러지는 '수학적 사고방식'입니다. 당면한 문제가 무엇인지를 파악하고, 그 문제에 대한 수학적 모델을 세우고, 그리고 그 해결 방법을 찾아가는 '수학적 사고방식'은 앞으로 여러분들의 장래에 커다란 도움이 될 것이라고 생각합니다.

그리고 한 가지만 더 바라자면 저는 여러분이 이 과목을 공부하면서 수학의 아름다움을 깊이 느끼셨기를 바랍니다.

그런데 이 모든 것보다 훨씬 더 중요한 것이 있습니다. 얼마전 우리 어머니께서 하신 말씀입니다. 우리 어머니는 굉장히 훌륭한 학자시거든요. 한때 성신여자대학교에서 가르치신 적이 있는데 그때 이런 말씀을 하셨다고 합니다.

"나는 너희들이 사람이 되라고 글을 가르쳤지, 공부 잘하라고, 시험 잘 보라고 글을 가르친 적은 없다."

저도 여러분이 그 평범한 진리를 깨닫게 되기를 바랍니다. 수학 공부도 사람이 되기 위해 하는 겁니다. 정직하고 올바르게 살아가는 법을 배우고, 위기에 흔들리지 않는 용기를 배우고, 어려움을 슬기롭게 극복하는 지혜를 배우고, 자유롭게, 그러나 합리적으로 생각하는 법을 배우고, 스스로의 생각을 객관적으로 당당하게 표현하는 법을 배우고, 학문적 진리의 깊이와 아름다움을 감상하고, 또 그런 것을 스스로 창조해내는 법을 배우고…… 저는 그렇게 해서 우리가 사람이 되어가는 거라고 생각합니다.

 그동안 즐거웠습니다. 앞으로도 여러분들을 보고 싶어할까봐 걱정입니다. 감사합니다.

다니엘의 전설

프랑수아즈 말레 조리스(Francoise Mallet Joris)는 1930년 7월 6일 벨기에의 앤트워프에서 태어나 프랑스에서 활동한 소설가이다. 아버지 릴라르는 유명한 정치가이고, 어머니는 작가·비평가이자 벨기에 왕립 아카데미 회원인 수잔느 릴라르다. (조리스는 프랑스 사람과 결혼하면서 성도 국적도 바뀌었다.) 조리스는 열아홉 살에 첫 소설 『베긴교단 수녀들의 성채』를 썼고, 그 소설은 스물한 살 때 출간되어 그해의 베스트셀러가 됐다. 그 뒤 리브리에르 상, 페미나 상, 모나코 상 등 여러 문학상을 휩쓸며 프랑스 문학계의 스타가 된다.

동시대에 활동한 프랑수아즈 사강보다 문학적으로 더 높은 평가를 받고 있다고 한다. 그녀는 지금까지도 작품 활동, 방송 활동 등으로 바쁘게 지내고 있다.

내가 조리스를 처음 알게 된 것은 고등학교 2학년 때 전채린 교수님이 번역한 『종이로 만든 집 La Maison de Papier』(2000년에 『행복에 관한 대화』로 출간)을 통해서였다. 『종이로 만든 집』은 예술가의 집안에서 일어나는 일상생활을 조리스의 예민한 감각과 소박한 문장으로 엮어낸 책이다. 나는 이 책에 매료되어 학교 교지에 「프랑수아즈 말레 조리스—종이로 만든 집」이라는 논문(?)을 발표했었다. 조리스에 대한 자료를 찾기 위해 『문학사상』과 『문학과 지성』 등을 찾아다니며 문학 소년의 휘황찬란한 허영심을 만끽한 것은 지금 생각해도 즐거운 추억이다. 몇 년 전 어느 TV의 '감명 깊게 읽은 책' 프로그램에 이 책을 추천한 적도 있다. 내가 이 책에서 특히 좋아했던 부분은 조리스의 큰아들 다니엘에 대한 이야기였다.

다니엘이 태어났을 때 나는 열여덟 살이었다. 나는 육아용 기구를 사용할 줄 몰라서 그것들을 제대로 쓴 적이 없다. 그래도 그 애는 잘 자라기만 했다. 때때로 난 그애를 카페에 데리고 갔다. 그애는 히피라는 말이 생기기 전부터 히피였다. …… 여덟 살에 그애는 '자기 장'을 보았고, 내가 지나치게 늦게 들어오는 저녁엔 '자기 저녁'을 먹었다. …… 아홉 살이 되었을 때 우리 사이에 갈등이 생겼다. 그애는 학교 가기를, 목욕하기를, 생선 먹기를 거부했다. 그애를 위한 모든 교육적인 시도는 전혀 성공하지 못했다. …… 열여섯 살에 그애는 이성에 지대한 관심을 표명했다. 그애는 클라리넷을 연주했다. 술을 약간 마셨다. 열일곱 살에 그애는 불교 신자가 되었다. 튜바를 연주했고 머리카락을 길게 길렀다.
  열여덟 살에 대학 입학 자격시험을 쳤다. 그보다 조금 앞서 힌두교 왕자나 영화의 단역 배우처럼 온몸에 장신구를 감고 다녔다. 나는 식물의 싹이 돋는 거나 유충이 허물 벗는 것을 보듯 아무 말 없이 놀라고 흥미로워하며 기다렸다. 장신구들이 사라졌다. 그애는 색소폰과 기타를 연주했다. 히치하이크로 4000킬로미터를 여행했다. …… 그애는 머리를 짧게 깎았고 경제학 공부를 했다. 이상이 '다니엘의 전설'이다.

이 모든 것의 어디에 교육이 있단 말인가? 그애의 모든 점에 내가 무슨 도움이라도 주었다는 것인가? 하지만 내가 때때로 자만심을 갖고, 그애에게 준 것들 중 정말 중요하다고 생각하는 것, 하나는 있다. 그것은 …… 신뢰감이다.

윤구(영어 이름이 다니엘이다)가 태어났을 때 나는 대학원생이었다. 이 녀석이 예정일보다 너무나 일찍 태어나는 바람에 나는 유아용 침대 맞추기, 미역국 끓이기, 축구공 사기 등을 순식간에 해치우고 녀석을 집안에 맞아들여야 했다. 처음엔 너무 마르고 가벼워서 걱정을 했는데 녀석은 무럭무럭 자라 이제는 과체중을 걱정하게 됐다.

나도 때때로 윤구를 녹두 골목의 학생 주점에 데리고 갔다. 윤구는 사이다를 마셨고 나는 생맥주를 마셨다. 한없이 행복한 시절이었다. …… 우리 사이에는 처음부터 갈등이 있었다. 윤구는 이빨 닦기를, 어른에게 인사하기를, 피아노 배우기를 거부했다. 나는 '카운트 셋'이라는 무시무시한 방법을 동원하며 녀석과 필사적인 대결을 벌였지만 백전백패(百戰百敗), 결국 아이를 위한 모든 교육적 시도는 전혀 성공하지 못했다. …… 녀석도 이성에 대한 관심이 지대하겠지만 부모 앞에서는 아예 말도 꺼내지 않는다. 클라리넷이나 튜바를 연주해야 여자 친구도 생길 것 같은데 피리(=리코더)나 불며 아빠를 답답하게 한다. 여행은커녕 아예 몸을 움직이는 걸 싫어하는 녀석이 4000킬로미터를 히치하이크로 여행할 리가 없다. 녀석은 자우림을 좋아하고, 힙합을 좋아하며, 컴퓨터 게임을 좋아한다. 지난 학기에는 머리를 빡빡 밀어서 주위를 겁나게 했고, 최근에는 컴퓨터 게임에 대한 두꺼운 책을 두 권 샀다.

나는 놀랄 때마다 흥미로울 때마다 조금도 기다리지 않고 녀석을 붙잡고 이유를 물어봤지만 녀석은 한 번도 제대로 대답해준 적이 없다. 이상이 '윤구 다니엘의 전술'이다. 이 모든 것의 어디에도 교육이 있을 수가 없다. 나의 모든 '교육적 극성'과 '교육적 안달복달'이 지금의 그 녀석을 형성하는 데에 특별히 도움이 되었을 리도 없다. 그렇지만 나 역시 이것 한 가지는 자신 있게 말할 수 있다. …… 누가 뭐래도 나는 녀석을 진심으로 믿고 있다는 것을.

교육이란 도대체 무엇일까? 나는 고등학교 2학년 때 조리스에 대해 쓴 글에서 '교육을 받는다는 것은 길러지는 것이 아니라 스스로 자라나는 것'이라는 오만무쌍한 결론을 내렸었다. 실제로 나와 내 쌍둥이 동생은 "우리는 누가 길러준 게 아니라 우리끼리 스스로 자라났다"고 큰소리를 치기도 한다. (우리 둘이 그렇게 기염을 토할 때면 우리가 고등학교 3학년이 된 줄도 모르셨던 어머니는 "정말 그렇다"고 맞장구를 치신다. 그러나 그게 사실일 리가 있겠는가?) 그런데 '교육을 받는 것' 말고 '교육을 하는 것'은 무엇일까? '기르는 것이 아니라 스스로 자라나게 하는 것'이라고 하면 되나? 그런데 그게 도대체 뭘 어떻게 하라는 거야?

돌이켜 생각해보면 우리 부모님들은 우리들에게 공부를 하라는 잔소리는 별로 하신 적이 없다. (물론 우리 아버지는 공부를 제외한 모든 분야에서 잔소리를 하셨다.) 1990년 박사학위를 받고 잠깐 귀국했을 때 어머니와 친구 분(러시아 분인데 한국학을 전공하는 학자셨다)을 모시고 경주 일대를 답사한 적이 있다. 그때 어머니께 여쭤보았다. 우리가 중·고등학생일 때 도대체 무슨 배짱으로 그냥 그렇게 내버려두셨느냐고. 어머니께서는 간단하게 대답하셨다.

"우선 시간이 없었고, 또 내가 그렇게 극성을 부린다고 될 일이 아니라고 생각했다."

나도 시간이 없고, 또 내가 그렇게 극성을 부린다고 될 일이 아닌 줄은 안다. 그렇지만 나는 앞으로도 '극성 아빠' 이기를 포기할 생각은 없다. "모차르트를 만들려다 실패해도 베토벤은 된다"는 내 동생의 지론을 믿는 것은 아니지만, 부모로서 아이에게 '다양한 선택의 기회'는 제공해야 한다고 생각하기 때문이다. 그러나 다른 무엇보다 가장 중요한 것은 조리스의 말처럼 서로 간의 '믿음'일 것이다. 언제나 냉정하고 객관적인 시각을 잃지 않으면서도 아이를 한없이 믿어주고 지원해주는 것, 이게 바로 내가 할 수 있는 일, 내가 해야 할 일이 아닐까.

아빠와 함께 수학을
ⓒ강석진 2005

1판 1쇄 2005년 5월 20일
1판 2쇄 2009년 3월 12일
2판 1쇄 2011년 10월 14일
2판 2쇄 2015년 4월 28일

지은이 강석진 | 펴낸이 강병선
책임편집 구민정 | 편집 임혜지
디자인 김이정 이주영
마케팅 정민호 이연실 정현민 지문희 김주원 | 홍보 김희숙 김상만 한수진 이천희
제작 강신은 김동욱 임현식 | 제작처 영신사

펴낸곳 (주)문학동네
출판등록 1993년 10월 22일 제406-2003-000045호
주소 413-120 경기도 파주시 회동길 210
전자우편 editor@munhak.com | 대표전화 031)955-8888 | 팩스 031)955-8855
문의전화 031) 955-1933(마케팅) 031) 955-2671(편집)
문학동네카페 http://cafe.naver.com/mhdn

ISBN 978-89-546-1588-4 13410
* 이 책의 판권은 옮긴이와 문학동네에 있습니다.
  이 책 내용의 전부 또는 일부를 재사용하려면 반드시 양측의 서면 동의를 받아야 합니다.
* 이 도서의 국립중앙도서관 출판시도서목록(CIP)은 e-CIP 홈페이지
  (http://www.nl.go.kr/ecip)와 국가자료공동목록 시스템(http://www.nl.go.kr/kolisnet)에서
  이용하실 수 있습니다.
  (CIP제어번호: CIP2011004089)

www.munhak.com